Römische Schriftsteller

Wir lesen und schreiben Gedichte
nicht nur so zum Spaß.
Wir lesen und schreiben Gedichte,
weil wir zur Spezies Mensch zählen,
und die Spezies Mensch
ist von Leidenschaft erfüllt.

ROBIN WILLIAMS IN
„CLUB DER TOTEN DICHTER"

DIE BERÜHMTEN

Römische Schriftsteller

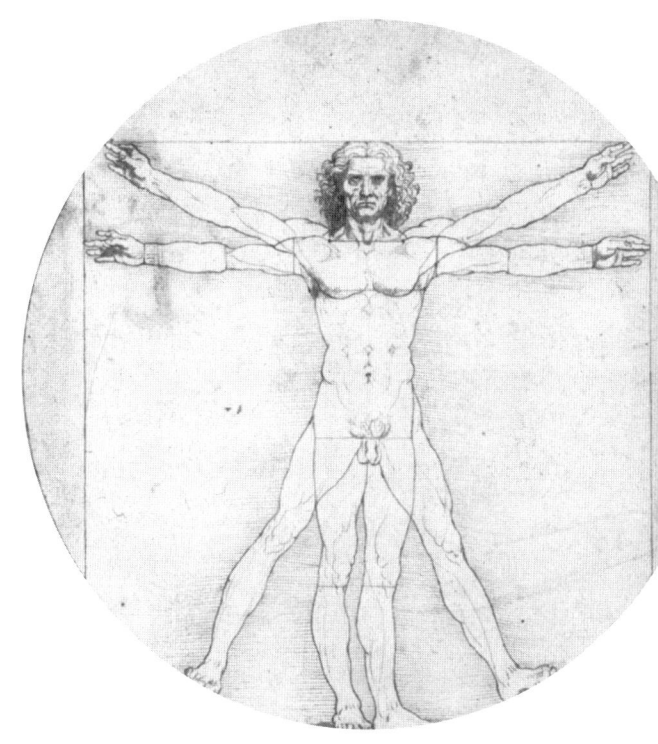

Vorgestellt von Cornelius Hartz

Philipp von Zabern

Inhalt

Einführung

Der Dichter glaubte, als er zum Schreiben schreiten wollte,
Dass er sich nur darum zu kümmern brauche,
Dass den Leuten das gefiele, was er aufschreiben würde.
Jetzt aber sieht er, dass es doch ganz anders kommt:
Er verschwendet seine Kraft beim Vorwort-Schreiben ...

Terenz

Einmal wurde Cato d. Ä. gefragt, warum man keine Statue von ihm errichtet habe, um seine Verdienste um die Römische Republik zu preisen. „Besser", so seine Antwort, „als wenn jemand fragte: Warum *hat* man eine Statue errichtet?"

Natürlich ist dies eine Anekdote, aber etwas Wahres steckt darin: In vielerlei Hinsicht haben sich die Schriftsteller des alten Rom selbst ihre Denkmäler geschaffen. Der berühmteste römische Lyriker, Horaz, schreibt über seine eigene Dichtung (ganz ohne falsche Bescheidenheit): „Ich habe ein Monument errichtet, dauerhafter als Erz, höher als die königlichen Pyramiden, das weder der gefräßige Regen noch der Nordwind zerstören kann, noch die unzählbaren Jahre und die flüchtige Zeit." Und wirklich: Nach über zweitausend Jahren werden heute noch die Gedichte des Horaz, die Schriften des Cato, die Werke des Ovid oder Cicero gelesen. Auch wenn die Lektüre der lateinischen Originaltexte seit Mitte des 20. Jhs. immer stärker zurückgeht und man sich heute zumeist auf Caesar beschränkt (den immerwährenden Klassiker des Lateinunterrichts), so gibt es doch immer wieder neue Ausgaben der antiken Schriftsteller in Übersetzung. Dabei lassen nicht nur das Medienecho auf Raoul Schrotts hervorragende Neuübersetzung von Homers „Ilias" oder die zahlreichen Aufführungen griechischer Tragödien in immer neuen Inszenierungen die antike Literatur heute präsent sein – die moderne Liebeslyrik ist z. B. ohne Catull, Horaz und Ovid kaum denkbar, und eine deutsche Fassung von Vergils *Aeneis* steht, während diese Zeilen verfasst werden, hoch in der *amazon.de*-Bestsellerliste. Daneben findet man heute die Stoffe der Autoren des alten Rom (und manchmal auch sie selbst) in Ausstellungen, Filmen, Romanen, in der Bildenden Kunst, in Blogs, YouTube-Inszenierungen und anderswo in der Medienlandschaft wieder.

Dabei ist es eigentlich erstaunlich, wie viel Literatur aus der Antike überhaupt das dunkle Mittelalter überlebt hat. In seinem postmodernen Meisterwerk „Der Name der Rose" (*Il nome della rosa*, 1980) gibt Um-

So stellte man sich die antiken Philosophen Platon, Seneca und Aristoteles (v.l.n.r.)
im frühen 14. Jh. vor.

berto Eco einen Einblick, wie dies prinzipiell funktionierte. Gleich das Vorwort weist den Roman als Nacherzählung einer alten Handschrift aus, die leider verloren ist. Ebenso geht es im Roman selbst um einen heute verlorenen antiken Text: Aristoteles' Betrachtungen über die Komödie. Aus dessen „Poetik" sind lediglich die Teile über Tragödie und Epos erhalten geblieben, und schon lange hat man darüber diskutiert, ob es diese Komödien-Abhandlung jemals gegeben hat, ob sie im Mittelalter verloren ging, ob Aristoteles sie nie veröffentlicht hat (und nur seinen Schülern weitergegeben) oder ob sie überhaupt nie vollendet oder gar geschrieben wurde.

Was heißt nun hier: „verloren gegangen"? In der klassischen Antike waren „Bücher" noch nicht gebundene Papierbögen wie heute, sondern Rollen aus Papyrus, die man während des Lesens am unteren Ende ab- und am oberen wieder aufrollte. Die Werke der antiken Autoren sind insofern in einzelne „Bücher" (*libri*) aufgeteilt, da diese Papyrusrollen nicht unendlich lang sein konnten – ein Werk wie Ovids Epos „Metamorphosen" zum Beispiel ist in fünfzehn „Bücher" aufgeteilt, d. h. man erhielt fünfzehn einzelne Papyrusrollen, wenn man es in einem der Buchläden am Forum Romanum kaufte. Mitunter ist die Einteilung in Bücher auch von späteren Herausgebern verändert oder neu eingefügt worden, aber viel mehr als 1200 Verse einer Dichtung finden sich kaum in einem Einzelbuch, bei welchem Dichter auch immer.

In der Spätantike kam dann der „Kodex" (Pl.: Kodizes) auf, einzelne Papyrus- oder (immer häufiger) Tierhaut-Seiten, die in einer Art zusammengebunden waren, die dem modernen Buch schon sehr nahe kam. Solche Tierhaut-Kodizes waren wesentlich haltbarer als Papyrus und einige sind sogar noch aus dem 4. Jh. n. Chr. erhalten. Hin und wieder findet man auch immer noch antike Papyri, z. B. im trockenen ägyptischen Wüstensand. Den größten Papyrusfund der Neuzeit gab es in der „Villa dei Papiri" im ausgegrabenen Herculaneum, das wie Pompeji beim Vesuvausbruch 79 n. Chr. verschüttet worden war (viele der dort 1750 entdeckten Papyri werden heute noch in der Universität von Neapel entziffert, mittlerweile mit Infrarot und modernster Computertechnik).

Vor der Einrichtung der Universitäten in Europa konzentrierten sich Wissen und Wissenschaft im Mittelalter in den Klöstern. Die Mönche verstanden oftmals Latein (und wenigstens z. T. noch Griechisch) und schrieben die Werke der griechischen und römischen Schriftsteller immer wieder ab – teilweise jedoch auch ohne überhaupt zu verstehen, was sie da schrieben. Diese Kopien wurden ihrerseits wieder kopiert und somit natürlich auch immer fehlerhafter, aber so haben sich wenigstens wichtige Teile der antiken Literatur bis in die Zeit der Renaissance erhal-

Nicht das typische Lieblingsfach – Latein in der Schule

Aus dem Rektoratstagebuch des Johann Kajetan v. Weiller (1761–1826),
Rektor am Wilhelmsgymnasium München:

19.5.1809 (Besuch der 1ten Klasse)

Ich besuchte um ½ 9 Uhr die erste Klasse unter Pr. Fischer. [...] – Dann wurde Latein zu erklären angefangen. – Ich fand viele Schüler sehr schläfrig, fast alle mit dem Ausdruk der Langeweile aufm Gesicht – ohne Interesse dasitzen – (lehnen). Fast zwey Stunden Sprachmetaphysik (wenigstens großentheils nur Metaphysik) ist für Kinder dieses Alters auch schreklich. [...]

ten. Dann entwickelte sich auf einmal im großen Stil neues Interesse an der antiken Kultur – und damit auch an deren Literatur. Die Klassische Philologie macht es sich seit Ende des 18. Jhs. zur Aufgabe, die vielen noch erhaltenen mittelalterlichen Handschriften zu sammeln und in kleinteiligster Arbeit zu versuchen, aus den ganzen verschiedenen Versionen den antiken Originaltext zu rekonstruieren.

Dennoch ist über die Jahrhunderte natürlich auch vieles verloren gegangen. Auch wenn die Spitzen der Literatur größtenteils überlebt haben, gibt es wichtige Gegenbeispiele: Nicht nur der erwähnte Aristoteles-Text ist verschollen, von Ennius sind ebenfalls z. B. nur ein paar Fragmente erhalten – dabei galt er zur Zeit Caesars noch als wichtigster römischer Dichter überhaupt. Und der Großteil einer wichtigen Schrift Ciceros ist nur durch einen einzigen sogenannten „Palimpsest" überliefert – eine alte Handschrift, aus der der ursprüngliche Text entfernt und mit einem christlichen überschrieben worden war (s. S. 41). Die ursprünglich eingeritzten Buchstaben konnte man rekonstruieren. Palimpseste (griech.: „Wieder-Abgeschabtes") mit Schriften antiker Autoren wurden und werden immer wieder entdeckt, doch natürlich hat sich die Technik inzwischen weiterentwickelt: Heute kann man die ältere Schrift mittels UV- und Röntgentechnik sichtbar machen.

Viele antike Texte haben erst später ihren heute gebräuchlichen Titel erhalten. Dass die Titel so vieler Werke mit „Über ..." beginnen, kommt daher, dass sie keinen Buchtitel im heutigen Sinne tragen, sondern mehr eine Beschreibung des Inhalts: „Über die Republik" war eigentlich betitelt: „Sechs Bücher über die Republik" (*Libri sex de re publica*). In der Kurzform hat sich seit Langem eben nur „Über ..." eingebürgert.

Auch die Namen der antiken Autoren werden seit dem Humanismus in eingedeutschter und zumeist verkürzter Form wiedergegeben. In Rom hatte man Vor- und Familiennamen, oft auch noch einen Beinamen. Über die Jahrhunderte konzentrierte sich dann die Bezeichnung

eines Dichters auf den Familiennamen (Vergil, Plinius) oder den Beinamen (Caesar, Plautus). Oft ließ man einfach die Endsilbe „-us"/„-ius"
fort (*Catullus* → Catull, *Ovidius* → Ovid, *Sallustius* → Sallust); „-tius",
wenn im Neulatein „-zius" ausgesprochen, wurde zu „-z" (*Horatius* →
Horaz, *Propertius* → Properz, *Lucretius* → Lukrez). Die Betonung blieb
jedoch weiterhin auf der gleichen Silbe wie zuvor, die jetzt in der Regel
die Endsilbe ist. Wenigstens einer Handvoll römischer Schriftsteller
blieb das Schicksal eines solchermaßen verstümmelten Namens jedoch
erspart (wie Tacitus, Ennius, Livius oder Plinius – nur im Englischen
wurden auch die letzten beiden zu „Livy" und „Pliny").

Die Anzahl altrömischer Schriftsteller, die erhalten sind (soll heißen: deren Texte die Zeit von der Antike bis heute überlebt haben), ist
begrenzt. Dennoch sind in diesem Band nicht alle erhaltenen vorgestellt;
es fehlen z. B. Velleius Paterculus, Naevius, Apuleius, Gallus, Cornelius
Nepos, Persius, Statius, Kaiser Augustus, Quintilian, Tertullian, Flavius
Josephus oder die frühen christlichen Schriftsteller Boethius, Laktanz
und Augustinus. Über die Auswahl mag man streiten, das ist bei einem
Konzept, wie es einer Reihe wie „Die Berühmten" zugrunde liegt, nicht
zu vermeiden. Dennoch bin ich sicher, dass man keinem der hier vertretenen Schriftsteller die Bedeutung absprechen wird, die er (oder sie) für
seine spezielle literarische Gattung, die Nachwelt oder die antike römische Literatur vom 3. Jh. v. Chr. bis zum 3. Jh. n. Chr. überhaupt hatte
und hat.

Bei jedem der vorgestellten Schriftsteller sind ein oder mehrere
(eigens für diesen Band neu übersetzte) Texte enthalten – denn wie kann
man einen Dichter besser darstellen als durch seine eigenen Werke?
Dem antiken Versmaß wird dabei – wenn es sich um Dichtung handelt –
allerdings meist nicht entsprochen, da dies gerade beim Hexameter
(s. S. 18) im Deutschen oft sehr gestelzt oder sogar unfreiwillig komisch
wirkt. Dennoch hoffe ich, dass auch diese Textbeispiele dem Zweck
dieses Bandes dienen: Lust darauf zu machen, die bedeutende und groß-
artige Literatur, die das Römische Reich der Nachwelt hinterlassen hat,
weiterzulesen.

Alle Welt sagt, Lessing geht nach Rom. [...] Sollen wir unsere
deutschen Männer den dummen Römern geben? [...] Den dummen Römern sagt' ich! Wie kann ich das bei Horaz, Virgil,
Cäsar, Catull und Cato, wie bei Cicero verantworten?

Gleim an Lessing, Halberstadt, 9. März 1769

Von Soldaten und Gespenstern

Plautus

Name: **Titus Plautus**
Lebensdaten: **ca. 250–ca. 180 v. Chr.**
Literarische Gattung: **Komödie**
Werke: **„Der glorreiche Soldat"** *(Miles gloriosus)*, *Amphitruo u. a.*

Tragödie und Komödie – das waren die zwei literarischen Formen des Schauspiels, die die römische Antike kannte. Selbstverständlich stammten die Vorbilder dieser Genres (wie die der meisten Gattungen der römischen Literatur) aus Griechenland, und im Falle der Komödie wird dies besonders deutlich – und zwar vor allem bei Plautus, dem früheren der zwei erhaltenen römischen Komödiendichter.

Wer war das?

Titus Plautus stammte aus Umbrien, aus einem Ort in der Nähe des heutigen Rimini. Ansonsten ist wenig über sein Leben bekannt. Der ihm oft angehängte Familienname Maccius ist wohl nur ein Missverständnis: Hin und wieder nennt er sich selbst „Maccus", doch das wird eher ein Spitzname sein, den man ihm gegeben hatte, nach einer Figur in einer seiner Komödien, und den er vielleicht selbst weitergeführt hat. Denn *maccus* ist nichts weiter als das lateinische Wort für „Dummkopf".

Plautus ist nicht nur der früheste Komödiendichter, von dem vollständige Stücke erhalten sind, er war auch der erste römische Dichter, der aus dem Norden Italiens nach Rom kam. Und er war der erste, der sich ausschließlich auf eine einzige Gattung spezialisierte.

Was schrieb er?

Die Zeit des Plautus war eine Zeit großer Kriege (gegen Karthago im Süden und gegen Mithridates II. und III. im Osten), die mit dafür verantwortlich waren, dass in Rom verstärkt griechische Einflüsse Einzug hielten. Vor allem die griechisch besiedelten Städte in Süditalien (die man „Magna Graecia" nannte) sorgten dafür. Und nicht alle waren so skeptisch gegenüber der griechischen Kunst und Kultur wie Cato d. Ä. (s. S. 24) – vor allem nicht Plautus.

Lupus est homo homini, non homo, quom qualis sit non novit.

„Der Mensch ist dem Menschen ein Wolf, kein Mensch – solange er nicht weiß, wie jener ihm gesonnen ist."

Plautus' Komödien zählt man zur sogenannten *fabula palliata*. Diese Bezeichnung stammt daher, dass diese Art von Komödie (*fabula*) die lateinische Neufassung eines griechischen Originals ist, dem sie so stark verhaftet ist, dass sie sogar in Griechenland spielt und die Schauspieler in griechischer Tracht auftreten, im *pallium*. (Später trat an ihre Seite die *fabula togata* – also die „Komödie in der Toga": in römischem Setting und in römischer Tracht gespielt.) In den Komödien wurde übrigens nicht nur gespielt, sondern es wurden ganze Passagen gesungen – ganz ähnlich den Filmkomödien der 30er Jahre oder dem heutigen Musical.

Vorbild für Plautus' Stoffe waren die Komödien der griechischen Dichter der hellenistischen sog. „Neuen Attischen Komödie" wie Menander, Philemon und Diphilos (die rund 100 Jahre vor Plautus schrieben). Von diesen ist heute nicht mehr viel erhalten, aber das, was wir haben, lässt darauf schließen, dass Plautus durchaus viel Eigenes und eben echt Römisches wie Wortspiele und Slapstick-Einlagen in seine Komödien einbrachte, so dass man sie nicht einfach als romanisierte griechische Komödien sehen kann.

„Wer den Phallus, das Symbol des Dionysos, nicht ehrt, ist der Komödie nicht wert."

Ulrich von Wilamowitz-Moellendorff

Von den wohl über 100 unter dem Namen Plautus veröffentlichten Komödien sind 20 (annähernd) vollständig überliefert. Die bekanntesten: „Der glorreiche Soldat" (*Miles gloriosus*), die „Gespensterkomödie" (*Mostellaria*) und *Amphitruo*. Auch wenn sie in einer griechischen Umgebung spielen, bedienen sich Plautus' Stücke eines bürgerlich-römischen Personals, das viel mit Stereotypen arbeitet – vom habgierigen Schwiegervater über die durchtriebene Geliebte bis zum listenreichen Sklaven. Dabei hat sich der Komödienstoff als solcher bis heute kaum verändert: Verwechslungen, Irrtümer und Intrigen, vertauschte oder unklare Identitäten, deformierte Charaktere, die außerhalb der Gesellschaft stehen, und immer: ein Happy End, die unglücklich Liebenden bekommen einander, die als Kleinkinder getrennten Zwillinge treffen endlich aufeinander, der Geizhals bekommt seine gerechte Strafe. Dies sind Elemente, die sich durch die Weltgeschichte der Komödie ziehen, vom alten Griechenland über Molière bis zur Screwball Comedy oder *Didi der Doppelgänger.*

Dass es dabei z. T. recht derb zur Sache geht, mag kaum verwundern. Doch gegen die Vertreter der griechischen „Alten Komödie" (wie Aristophanes, dessen Werke wesentlich besser erhalten sind als die „Mittlere Komödie") war Plautus bereits recht zahm ...

C O M E D I E S

OF

P L A U T U S,

TRANSLATED INTO

FAMILIAR BLANK VERSE,

By the Gentleman who tranſlated THE CAPTIVES.

ASPICE, *PLAUTUS*
QUO PACTO PARTES TUTETUR——
HOR. Lib. II. Epiſt. 1.

VOLUME THE THIRD.

L O N D O N:
Printed for T. BECKET and P. A. DE HONDT, in the Strand.

M DCC LXXII.

Titelei einer englischen Plautus-Übersetzung, erschienen in London 1772.

Peniculus:	Beim Pollux! Ein guter Wagenlenker wärst du!
Menaechmus:	Wieso?
Peniculus:	Die ganze Zeit schaust du dich um, ob deine Frau uns nicht verfolgt.
Menaechmus:	Was meinst du damit?
Peniculus:	Ich? Ich meine gar nichts. Ich sag zu allem Ja und Amen, was du willst.
Menaechmus:	Kannst du, wenn du an etwas riechst, das sehr stark riecht, erriechen, woher der Geruch wohl stammt? […]* Dann riech einmal am Kleid, das ich hier habe. Wonach riecht es? Du schreckst zurück?
Peniculus:	Bei einem Frauengewand darf man am oberen Teil nur riechen, denn da unten wird die Nase vom Gestank beleidigt.
Menaechmus:	Dann riech also hier oben. – Wie anmutig du zurückschreckst!
Peniculus:	Das muss ich wohl!
Menaechmus:	Was also? Wonach riecht es? Antwort!
Peniculus:	Nach Diebstahl, Hure, zweitem Frühstück. […]
Menaechmus:	Nun, so will ich's zu meiner Freundin bringen, der Hure Erotium, dass sie mir und dir und ihr ein schönes zweites Frühstück anrichtet.
Peniculus:	Gut!
Menaechmus:	Und dann werden wir trinken, bis der Morgenstern erstrahlt.
Peniculus:	[…] Sehr wohl gesprochen! Soll ich an die Tür klopfen?
Menaechmus:	Das tu! Oder … nein, warte noch!
Peniculus:	Du stellst die Trinkschale wieder eine Meile weit fort von meinem Mund?
Menaechmus:	Klopf sanft!
Peniculus:	Ich glaub, du meinst, die Tür hier ist aus Ton gebaut?
Menaechmus:	Wart doch, wart, beim Herkules: Sie tritt schon von selbst heraus. Oh, siehst du, wie der Glanz ihres Körpers sogar die Sonne in den Schatten stellt?
Erotium:	Mein Liebster, Menaechmus, ich grüße dich!
Peniculus:	Und ich?
Erotium:	Du zählst für mich nicht.
Peniculus:	Genau wie bei der Legion, wenn man nur zur Reserve eingeschrieben wird …
Menaechmus:	Heute lad ich bei dir zum Gefecht!
Erotium:	Gut, heute sei's.
Menaechmus:	Und in der Schlacht, da wollen er und ich um die Wette saufen. Und wer von uns sich beim Saufen besser schlägt, darüber sollst du Richter sein: Wähle dann, mit wem von uns du die Nacht verbringst. Oh, du meine Freude, wie sehr verabscheu ich doch meine Frau, wenn ich dich sehe!
Erotium:	Und doch hast du von ihr etwas am Leib? Was ist denn das?
Menaechmus:	Dies Kleidungsstück hab ich bei meiner Frau für dich erbeutet, meine Rose!
Erotium:	So bist du leicht der Beste von allen, die mich bedrängen.
Peniculus:	Die Hure schmeichelt nur, solang sie etwas sieht, das sie erbeuten kann; denn wenn du ihn wirklich liebtest, hättest du ihm längst doch schon die Nase abgebissen!
Menaechmus:	Halt das mal, Peniculus: Die Kriegsbeute will ich ihr überreichen, wie versprochen.
Peniculus:	Gib her. Aber beim Herkules beschwör ich dich – tanz uns im Kleid nachher noch etwas vor!
Menaechmus:	Ich soll tanzen? Du bist wohl nicht ganz gescheit!
Peniculus:	Ich oder du? Wenn du nicht tanzen willst, dann zieh es aus.

Menaechmus:	In größter Gefahr hab ich das Kleid erbeutet heut. Selbst Herkules, als er der Amazonenkönigin Hippolyte den Gürtel raubte, war nicht in solch großer Gefahr! Nimm es dir, denn du allein nur machst es mit mir, wie ich's gerne mag!
Erotium:	Das ist die Einstellung, die man vom aufrechten Liebhaber erwartet ...
Peniculus:	... der sich beeilt, ganz schnell bettelarm zu werden.
Menaechmus:	Für vier Minen hab ich's meiner Frau gekauft im letzten Jahr.
Peniculus:	Vier Minen aus dem Fenster rausgeworfen, das ergibt die Rechnung.
Menaechmus:	Weißt du, was ich jetzt möchte, dass du's mir besorgst?
Erotium:	Ich weiß es, und ich tue, was du willst.
Menaechmus:	Dann lass also für uns das zweite Frühstück anrichten, mit ein paar Leckereien, frisch vom Markt: das Drüsenstück vom Schweinehals, Schinkenspeck oder Schweinekopf oder etwas in der Art ...

[Plaut., Men. 160–211]

* Die Auslassungen [...] in diesem Ausschnitt gehen auf die schlechte Überlieferung der jeweiligen Textstellen zurück.

Wie ist das alles überliefert worden?

Bei Plautus haben wir den (leider nicht allzu häufigen) Glücksfall, dass es sowohl eine erhaltene antike Handschrift gibt – einen Palimpsest (s. S. 41) aus dem 3. oder 4. Jh. n. Chr. – als auch eine ganze Reihe Abschriften aus dem Mittelalter (beginnend im 10./11. Jh.), die auf ein anderes antikes Exemplar zurückgehen. Die überlieferten 20 Komödien sind eben dieselben 20, die Varro als „echt plautinisch" bezeichnet hat. Ihr Text ist zwar teilweise immer noch lückenhaft (wie man an den Auslassungen im Text auf S. 14 sieht), doch sind dies zum Glück immer nur kleinere Stellen, die den Genuss der Komödien nicht wirklich trüben.

Was bleibt?

Noch heute wird Plautus oft gespielt, allerdings sind inzwischen manche Adaptionen seiner Stücke bekannter als die Originale. So wurde *Amphitruo* von Molière und Kleist bearbeitet, und die *Comedy of Errors* von William Shakespeare hat die Zwillings-Verwechslungskomödie *Menaechmi* als Grundlage. Auch Plautus' titelgebender „glorreicher Soldat" lebte fort: als Shakespeares Figur Falstaff (in *Henry V* und *The Merry Wives of Windsor*).

Eine Besonderheit ist Richard Lesters (*A Hard Day's Night*) Film „Toll trieben es die alten Römer" (*A Funny Thing Happened on the Way to the Forum*, 1966), die Verfilmung des gleichnamigen Broadway-Musicals von Stephen Sondheim, das sich bei mehreren Plautus-Komödien bedient (so beim *Pseudolus* und der „Gespensterkomödie").

Homers Wiedergeburt in Kalabrien

Ennius

Name: **Quintus Ennius**
Lebensdaten: **239/38–169 v. Chr.**
Literarische Gattung: **Epos, Komödie, Tragödie u. a.**
Werke: **„Annalen"** *(Annales)*

Jede Literatur hat nicht nur ihre Höhen und Tiefen, sondern selbstverständlich auch ihre Wurzeln und Anfänge bzw. das, was als solches wahrgenommen wird. Als Urvater der römischen Dichtung galt im alten Rom einer, dessen Bedeutung im krassen Gegensatz dazu steht, wie bekannt er heute noch ist – und wie viel von ihm überliefert ist: Ennius.

Wer war das?

Der Name dieses Dichters sagt heute kaum noch jemandem etwas, man muss sich schon intensiver mit der lateinischen Literatur beschäftigen, um auf ihn aufmerksam zu werden. Und dennoch haben ihn Generationen von Schulkindern lesen müssen – freilich zu einer Zeit, als die heutigen lateinischen Schulautoren selbst noch Zeitgenossen waren (oder noch gar nicht auf der Welt).

Quintus Ennius wurde in Kalabrien geboren (der „Spitze" des italischen „Stiefels"), in einer Gegend, die zu seiner Zeit dreisprachig war: Man sprach Lateinisch, Griechisch und das dort ansässige Oskisch. Vor allem aber die Begegnung mit dem Griechischen und mit der griechischen Literatur muss den meisten Eindruck auf ihn gemacht haben.

Im Zweiten Punischen Krieg (218–201 v. Chr.) war er beim Militär als Hilfssöldner u. a. auf Sizilien stationiert, wo er Cato d. Ä. kennenlernte. Der riet ihm dazu, nach Rom zu gehen. Er fand dort adlige Gönner, die ihn unterstützten, darunter der Konsul des Jahres 189 v. Chr., Marcus Fulvius Nobilior. Nach dessen Konsulat hat Ennius wahrscheinlich begonnen, sein Hauptwerk, die „Annalen", zu verfassen.

Was schrieb er?

Ennius gilt als einer der vielseitigsten römischen Dichter. Er schrieb Tragödien, Komödien, Satiren, Epigramme – und dann jenes eine Werk, das ihn für die gesamte spätere römische Dichtung unentbehrlich machen sollte: die „Annalen" (*Annales*).

Die „Annalen" sind – nein, besser: *waren* ein Epos im Umfang von 18 Büchern, das die römische Geschichte von ihren Anfängen bis zu Ennius' Zeit darstellte. So weit, so gut – der Clou jedoch kommt erst noch: Geschrieben waren die „Annalen" im daktylischen Hexameter.

Obwohl von den „Annalen" nur Fragmente überliefert sind (insgesamt etwa 600 oft auch noch unvollständige Verse), hat man doch eine ziemlich genaue Vorstellung davon, wie das Werk aufgebaut war – auch durch Zeugnisse anderer Autoren. Die „Annalen" beschrieben die römische Geschichte in 18 Büchern, von der mythischen Vorzeit, beginnend (wie es sich für einen „zweiten Homer" wohl ziemt) mit dem Fall Trojas und Aeneas' Reise nach Italien, über Romulus und Remus bis zur Königszeit, der Gründung der Römischen Republik, den Punischen und Makedonischen Kriegen bis zur Gegenwart. Das Erzähltempo verlangsamt sich dabei stetig, je näher der Autor seiner eigenen Zeit kommt.

Eine weitere Besonderheit der „Annalen" sind ihr stilistischer und ihr motivischer Reichtum, den auch Cicero noch zu bewundern wusste (der ohnehin die meisten Verweise und Anspielungen auf Ennius in seinem Werk aufweist). Beides erhebt ihn über die nüchternere Sprache des Naevius. Allein schon im Proömium des Werks wähnt man sich weit entfernt von trockener Geschichtsschreibung, wenn Ennius erzählt, wie Homer ihm im Traum erschienen sei, um ihm zu sagen, dass er seine, Homers, Nachfolge antreten solle.

Simia quam similis turpissuma bestia nobis.
„Der Affe, das hässlichste aller Tiere – wie gleicht es uns."

Wie ist das alles überliefert worden?

Cicero redet noch oft seine Adressaten im guten Glauben an, ein jeder kenne seinen Ennius – doch hundert Jahre später hätte er damit wohl keinen Erfolg mehr gehabt. Dass Vergil und Ovid ab der Zeitenwende Ennius schnell überschatteten und sein Werk auch im Schulunterricht als Lektüre zu verdrängen begannen, hat dafür gesorgt, dass heute nur noch Fragmente der „Annalen" erhalten sind (und ein paar seiner anderen Dichtungen).

Folgerichtig war Ennius im Mittelalter so gut wie gar nicht mehr bekannt. Erst die Humanisten interessierten sich wieder für ihn, die erste Ausgabe von Ennius-Fragmenten stammt bereits von 1564. Mehr als Fragmente hatten das „dunkle Zeitalter" ja leider nicht überlebt.

Der Hexameter – ein Versmaß prägt die Dichtung

Der daktylische Hexameter ist das Versmaß, in dem schon **Homer** seine Epen „Ilias" und „Odyssee" verfasst hatte. In der griechischen Dichtung war es also bereits seit etwa 500 Jahren verbreitet – doch erst Ennius machte es in der lateinischen Dichtung heimisch. Der „Daktylus" besteht aus einer Länge und zwei Kürzen (die wiederum durch eine Länge ersetzt werden können) – sechs (griech.: *hexa*) solcher **„Versfüße"** ergeben einen Hexameter, wobei der letzte die Form *lang – lang* hat.

Dies ist der Vers, schematisch dargestellt in Längen (–) und Kürzen (U), hier illustriert an der klassischen Übersetzung der ersten zwei Verse der „Ilias":

   – U U | – – | – U U | – –| U U | – –
   Singe den **Zorn**, o **Gött**in, des **Pele**ia**d**en Ach**il**leus,

   – U U | – U U | – U U | – U U | – U U | – –
   Ihn, der ent**brannt** den Ach**ai**ern un**nenn**baren **Jam**mer er**reg**te.

Myriaden von **Schülern**, vom republikanischen alten Rom bis zum modernen Latein-Grundkurs am Gymnasium, lesen fast ausschließlich lateinische Dichtung, die in diesem Versmaß verfasst ist: dem *daktylischen Hexameter* (i. d. R. umgangssprachlich verkürzt zu „Hexameter"). Vergils „Aeneis", Ovids „Metamorphosen", Lukrez' „Über den Ursprung der Dinge" … Selbst das ab der späten Republik (also etwa ab Cicero und Caesar) zweitbeliebteste Versmaß, das elegische Distichon, besteht aus eben einem solchen Hexameter und einem Pentameter im Wechsel (s. S. 94). Die fettgedruckten Buchstaben in unserem Beispiel deuten jedoch den **Unterschied** der lateinischen (und griechischen) zur deutschen Sprache bereits an: *Wir* lesen einen Vers mit betonten und unbetonten Silben, der Lateiner las **lange und kurze Silben**. Das nachzuahmen (und gleichzeitig die natürliche Betonung eines Wortes beizubehalten) ist äußerst schwierig, und meist versucht man dies auch gar nicht erst. Zumindest nicht in der Schule.

Doch wie sah es aus, bevor Ennius auf den Plan trat? Die bekanntesten römischen Dichtungen vor ihm waren die *Odusia* des Livius Andronicus (eine Übertragung der „Odyssee") und das Historienepos *Bellum Punicum* des Naevius, beide noch in den **ur-römischen Saturnier-Versen** verfasst. Ennius aber sah sich selbst ja als *alter Homerus* (als „zweiten Homer"), gleichsam wiedergeboren und beauftragt, das große Epos zu verfassen, das die römische Dichtung prägen und **revolutionieren** sollte. Und dazu gehörte, dass er von Homer nicht den Stoff übernahm, sondern (neben stilistischen Einzelheiten) das Versmaß.

Die „Annalen" waren so **erfolgreich** und einflussreich, dass sie auch in der lateinischen Sprache selbst für Veränderungen sorgten: Die antiken Versmaße unterscheiden nach Länge oder Kürze eines Lautes (nicht nach Betonung wie z. B. die deutsche Sprache). Und Ennius musste oftmals Wörter anders schreiben und die Laut-Längen neu verteilen, um überhaupt Hexameter in lateinischer Sprache verfassen zu können. Oft verwendete er dafür archaische oder **neu konstru-ierte Formen**, z. B. dem Griechischen entlehnte Wortzusammensetzungen. Der „Imperator" z. B. ist bei Ennius ein „*induperator*", der sich nur so in den Hexameter einfügen lässt (lang – kurz – kurz – lang – lang) – eine einzelne kurze Silbe [im-*pe*-rator] passte nun einmal nicht in den Vers …

Romulus und Remus gründen Rom:

Großes im Sinn, wollen beide nun König werden und
Besorgen sorgfältig Vogelschau und Seherzeichen.
Remus saß auf einem Hügel und wartete auf einen für ihn
Günstigen Vogel. Aber der schöne Romulus saß auf dem hohen
Aventin und betrachtete von dort die hoch oben Fliegenden.
Sie stritten sich: Sollte die Stadt nun Roma oder Remora heißen?
Alle Bewohner sorgten sich: Wer von beiden würde Imperator?
Sie warteten wie auf den Konsul, der das Zeichen geben soll,
Und alle sehen mit gespanntem Blick auf die Absperrseile im Circus,
Die endlich die bunten Wagen freigeben zum Rennen.
So stand das Volk und wartete bangend, wem nun von beiden
Der Sieg über große Reich zuteil werden würde;
Unterdessen zog sich die Sonne zurück in das Dunkel der Nacht.
Dann kam mit strahlendem Schein das Licht des Tages heraus,
Und gleichzeitig flog aus großer Höhe ein ganz prächtiger Vogel
Von links aus heran. Als sich dann die goldene Sonne erhob,
Näherten sich zugleich vom Himmel die heiligen Leiber vierer
Vögel dem glückverheißenden, schönen Ort.
Romulus erkennt daraus, dass ihm zum Besitze
Gegeben sind des Königreichs Thron und Grund und Boden.

[Enn., Ann. fragm. 72 Sk.]

*

*Romulus tötet Remus, der ihn veralbert hat, indem er über die römische „Stadtmauer"
gesprungen ist:*

„Beim Pollux: Kein lebender Mensch wird ungestraft so etwas tun –
Und so auch du nicht: Zur Strafe wirst du dein heißes Blut für mich vergießen!"

[Enn., Ann. fragm. 94/95 Sk.]

*

Als auch Romulus schließlich stirbt, herrscht Heulen und Zähneklappern:

Ihre Herzen hält Sehnsucht gefangen. Zugleich aber reden sie untereinander
Und rufen wach die Erinnerung folgendermaßen: „Oh Romulus, göttlicher Romulus,
du, den die Götter zum Wächter der Heimat gezeugt!
Oh Vater, Erzeuger, oh Blut, das du stammst von den Göttern!
Du hast uns emporgeführt, empor zu den Ufern des Lichtes!"

[Enn., Ann. fragm. 105–109 Sk.]

Was bleibt?

Was an Ennius' Werk fortgelebt hat, ist das Versmaß: der Hexameter. Das jedoch kaum in die Neuzeit – der Hexameter eignet sich nicht unbedingt für die modernen Sprachen. Abgesehen von der berühmten Homer-Übersetzung von Johann Heinrich Voß (Ende des 18. Jhs.) gibt es nur ein klassisches dichterisches Werk in deutscher Sprache von weitergehender Bedeutung, das im Hexameter verfasst ist – Johann Wolfgang v. Goethes „Reineke Fuchs":

> Als nun Grimbart geendigt, erschien zu großem Erstaunen
> Henning, der Hahn, mit seinem Geschlecht. Auf trauriger Bahre,
> Ohne Hals und Kopf, ward eine Henne getragen,
> Kratzefuß war es, die beste der eierlegenden Hennen.
> Ach, es floß ihr Blut, und Reineke hatt es vergossen!
> Jetzo sollt es der König erfahren. Als Henning, der wackre,
> Vor dem König erschien, mit höchstbetrübter Gebärde,
> Kamen mit ihm zwei Hähne, die gleichfalls trauerten. Kreyant
> Hieß der eine, kein besserer Hahn war irgend zu finden
> Zwischen Holland und Frankreich; der andere durft ihm zur Seite
> Stehen, Kantart genannt, ein stracker, kühner Geselle;
> Beide trugen ein brennendes Licht; sie waren die Brüder
> Der ermordeten Frau. Sie riefen über den Mörder
> Ach und Weh! Es trugen die Bahr zwei jüngere Hähne,
> Und man konnte von fern die Jammerklage vernehmen.

Man sieht auch hier: Die antike Literatur ist allerorten. Selbst Goethes Bezeichnung der einzelnen Kapitel, „Gesang", ist eine Bezeichnung, die direkt aus Homer übernommen ist. Und die anrührende Szene mit der geköpften Henne könnte direkt aus einem antiken Epos stammen – wäre die Henne Hektor oder Achilleus.

Einer gegen Karthago

Cato d. Ä.

Name: **Marcus Porcius Cato**
Lebensdaten: **234–149 v. Chr.**
Literarische Gattung: **Rhetorik, Geschichtsschreibung, Fachliteratur**
Werke: **„Ursprünge"** *(Origines)*, **„Über den Ackerbau"** *(De agri cultura)*

Im Alter von 80 Jahren begann Cato d. Ä., die griechische Sprache zu erlernen. Als man ihn fragte, warum er sich in so hohem Alter noch einer so schwierigen Aufgabe stelle, soll er geantwortet haben: „Dies war das jüngste der Alter, aus denen ich wählen konnte." Dass ein einflussreicher römischer Politiker und Schriftsteller nicht bereits in jungen Jahren Griechisch gelernt hatte, wäre 100 Jahre später bereits kaum vorstellbar gewesen. Doch Cato stand allem Nicht-Römischen (und speziell allem Griechischen) äußerst skeptisch gegenüber.

Wer war das?

Marcus Porcius Cato ist eine der wichtigsten Figuren der römischen Geschichte und Literatur. Er ist der älteste (überlieferte) römische Prosa-Schriftsteller. Um Cato von seinem Urenkel Cato zu unterscheiden, der im 1. Jh. v. Chr. eine wichtige Rolle im Bürgerkrieg um Caesar spielen sollte, hat man ihm später verschiedene Beinamen gegeben: „der Weise" *(sapiens)*, „der Alte" *(priscus)*, „der Zensor" *(censorius)* – und natürlich einfach „der Ältere" *(maior)*. „Der Weise" deutet hier schon in die richtige Richtung: Über Jahrhunderte galt der ältere Cato als das Urbild des konservativen Römers und als Vorbild in Lebensführung und Prinzipientreue. Cato war ein Patriot in jeder Hinsicht, Verfechter der Werte, die sich die Römer auf die Fahnen schrieben: Ernsthaftigkeit, Tugendhaftigkeit, Staatstreue und Strenge. Nicht-Römischem verweigerte er sich, er war ein glühender Gegner des zu seiner Zeit noch mächtigen Karthago und lehnte den kulturellen Einfluss der verweichlichten Griechen größtenteils ab – Sokrates war für ihn (dabei ganz im Sinne der Athener Obrigkeit) ein „Verderber der Jugend".

Numquam se plus agere quam nihil cum ageret, numquam minus solum esse quam cum solus esset.

„Nie ist man tätiger, als wenn man nichts tut; nie ist man weniger allein, als wenn man für sich ist."

Über sein Leben ist einiges bekannt – sowohl vom Griechen Plutarch als auch vom römischen Historiker Cornelius Nepos sind Cato-Biografien überliefert. Marcus Porcius Cato wurde 234 v. Chr. in Tusculum, östlich von Rom, geboren; seine Familie gehörte dem römischen Ritterstand an. Mit etwa 17 Jahren ging Cato zur Armee und wurde bereits drei Jahre später Militärtribun. Mithilfe eines einflussreichen Freundes, den er beim Militär kennenlernte, stieg Cato gleichzeitig in die Politik ein. Er wurde im Jahre 204 v. Chr. zum Quästor gewählt (der niedrigsten Stufe der Ämterlaufbahn) – als Untergebener des Konsuln und berühmten Hannibal-Gegners Scipio Africanus. Fünf Jahre später war er Ädil und machte sich beim Volk dadurch beliebt, dass er die „Plebejischen Spiele", fast zwei Wochen dauernde Zirkusspiele zur Zerstreuung der Massen, wieder aufleben ließ. Im Jahr darauf wurde er Prätor, dann Statthalter von Sardinien und schließlich Konsul. Nach einem erfolgreichen Feldzug gegen Aufständische in Hispanien besiegte er im Jahre 191 v. Chr. Antiochos III., einen der Nachfolger Alexanders des Großen, und zog sich vom Militär zurück. 184 v. Chr. wurde Cato zum Zensor (daher sein Beiname: *Censorius*) ernannt – neben dem Konsul das vielleicht ein-

„Ceterum censeo Carthaginem esse delendam."

„Im Übrigen bin ich der Meinung, dass Karthago zerstört werden muss": Mit diesem Satz soll Cato jede seiner **Reden im Senat** beendet haben (ganz gleich, was das eigentliche Thema war). Dieser Spruch ist ein ähnliches Phänomen wie Caesars *„alea iacta est"* (s. S. 45): Traditionell spricht man Cato diesen Satz zu, aber es gibt **keine zeitgenössische Quelle**, die uns diesen Wortlaut überliefert. Lediglich eine griechische Übersetzung gibt es, wiederum bei Plutarch, die, wörtlich übersetzt, soviel heißt wie: „Es scheint mir (ratsam), dass auch Karthago nicht existieren soll." Nun hat Plutarch diese Worte erst beinahe **250 Jahre nach Cato** aufgeschrieben. Zu diesem Zeitpunkt hatte sich die anekdotische Überlieferung natürlich längst verselbstständigt. Viele Forscher bezweifeln heute, dass Cato diese Worte überhaupt gesagt hat – doch hätte man sie in Rom kaum jemand anderem andichten können.

Wie dem auch sei: Der Verlauf der Geschichte gab Cato schließlich doch noch **Recht**. Im selben Jahr, als er im (für damalige Verhältnisse geradezu „biblischen") Alter von 85 Jahren starb, begann der letzte und **entscheidende Feldzug** gegen Karthago, bei dem man es schließlich vollkommen zerstörte und das Römische Reich endgültig seine Stellung als vorherrschende Macht im Mittelmeer einnahm.

flussreichste politische Amt in Rom. Der Zensor war nicht nur für die Volkszählung und Vermögensschätzungen verantwortlich, er hatte auch das *regimen morum* inne, sozusagen die „Aufsicht über die Einhaltung der guten Sitten". Auch nach seiner Zeit als Konsul und Zensor blieb Cato noch lange ein einflussreicher Senator – der Nachwelt ist er vor allem durch seine (angeblich) ständigen Hinweise darauf, man solle doch bitte endlich Karthago zerstören, in Erinnerung geblieben.

Zwei der wichtigsten frühen römischen Schriftsteller: Cato d. Ä. und der Komödiendichter Terenz (s. S. 26 ff.) auf einem Kupferstich von 1764. Berlin, Slg. Archiv für Kunst & Geschichte.

Was schrieb er?

Catos Bedeutung in der Literatur liegt vor allem darin, dass er auf Latein schrieb. Dies ist keineswegs selbstverständlich: Auch vor ihm gab es z. B. schon römische Geschichtswerke, die waren aber traditionell auf Griechisch abgefasst. Bedenkt man Catos Haltung gegenüber allem Nicht-Römischem, ist es nicht unwahrscheinlich, dass er auch hier bereits sprachlich ein Zeichen setzen wollte.

Die „Ursprünge" (*Origines*) beschreiben in sieben Büchern die Geschichte Roms von seiner Gründung bis zur Zeit Catos – ein Konzept, wie wir es auch bei Ennius oder Livius finden. Das Besondere hierbei war der ganz vordergründig pädagogische (und alles andere als objektive) Ansatz: Cato stellt immer wieder einzelne „Beispiele" vor, die dem Leser vor Augen halten sollen, wer sich in der Geschichte richtig, wer falsch verhalten hat, also Verhaltensrichtlinien nach dem Motto: Was können wir aus der Geschichte lernen?

Das in größerem Umfang (bzw. sogar vollständig) erhaltene und wohl auch berühmteste Werk Catos heißt: „Über die Landwirtschaft". Cato hat es erst in seinen letzten Lebensjahren verfasst. Es ist ein Lehrwerk und beschreibt, beim Erwerb eines Gutes angefangen, wie man dieses am besten bewirtschaftet. Anders als Varro, der ebenfalls über die Landwirtschaft schreibt, behandelt Cato kleine und mittlere Betriebe. Er orientierte sich dabei offenbar an der tatsächlichen Durchschnittsgröße von Agrarbetrieben im 2. Jh. v. Chr. Cato geht dabei oft auf die „guten alten Sitten" der Vorväter ein, die (so Cato) gerade in der Landwirtschaft die besten Kenntnisse besaßen, und beschreibt uralte Rituale und Aberglauben. Doch wie so oft in der antiken Literatur erscheinen einige Punkte auch erstaunlich modern – nicht zuletzt, dass hinter jeder Anweisung nur ein Ziel steht: die Maximierung des Profits. Was soll angebaut werden, wie bewirtschaftet man den Boden, wie verhält man sich gegenüber seinen Angestellten und Sklaven, wie sollen diese sich verhalten … Alles folgt dem einen Grundprinzip: Wie kann ich mit meinem Gut den höchsten Ertrag erwirtschaften?

Wie ist das alles überliefert worden?

„Über den Ackerbau" ist das einzige Werk Catos, das vollständig erhalten ist – und somit zugleich das älteste vollständig überlieferte lateinische Prosawerk. Interessanterweise ist in allen Manuskripten auch Varros Schrift enthalten, die den gleichen Namen trägt. Die älteste erhaltene Handschrift stammt aus dem 12. Jh. Die „Ursprünge" sowie eine Reihe von Catos Reden haben nur in Fragmenten überlebt. Ein weiteres be-

Der Gutsverwalter soll dafür sorgen, dass er lernt, alle landwirtschaftlichen Tätigkeiten selbst zu verrichten, und er soll sie auch oft ausüben – so er nicht allzu müde wird dabei. Wenn er mitarbeitet, wird er nämlich wissen, wie den Sklaven zumute ist, und die Sklaven werden ausgeglichener sein bei der Arbeit. Außerdem wird er dann selbst sich weniger herumtreiben, und er wird besser schlafen. Er soll sich am Morgen als Erster aus dem Bett erheben, und er soll am Abend als Letzter zu Bett gehen. Vorher aber soll er sich versichern, dass Tür und Tor des Hofes verschlossen sind, dass jeder an dem für ihn vorgesehenen Platz schläft und dass die Ställe genügend Futter haben.

Um die Rinder muss er sich besonders sorgfältig kümmern. Er soll ein wenig nachgiebig sein mit den Ochsentreibern, damit sie sich mit mehr Freude um die Rinder kümmern. Er soll sich darum kümmern, dass Pflüge und Pflugscharen in Ordnung sind. Auch soll er sich hüten, auf unbrauchbarem Land zu pflügen oder Wagen oder Vieh darüberzuleiten. Wenn er hier nicht vorsichtig ist, verliert er leicht drei Jahre an Ernteerträgen. Das Vieh muss sorgfältig eingestreut werden, und er muss sich um die Hufpflege kümmern. Er soll dafür sorgen, dass Vieh und Lasttiere nicht die Räude bekommen; sie entsteht, wenn nicht genug gefüttert wird und die Tiere nass werden. Sieh zu, dass du alles zeitig tust; denn so ist es in der Landwirtschaft: Wenn man bei einer Sache zu spät dran ist, dann ist man bei allem zu spät dran.

[Cato, agr. cult. 5.5]

kanntes Werk, das Catos Namen trägt, die „Aussprüche Catos" (*Dicta Catonis*), ist erst im 3. Jh. n. Chr. zusammengestellt worden und war im Mittelalter sehr populär. Indes haben diese Sprüche mit Cato wenig zu tun – außer dass natürlich nicht auszuschließen ist, dass er den einen oder anderen Spruch selbst verwendet oder geprägt hat. Aber wer kann das wissen …?

Was bleibt?

Die Werke Catos lebten vielleicht in erster Linie dadurch fort, dass sie seine Weltanschauung transportierten. Hier ein Beispiel aus der Antike: Wer wäre besser geeignet, über Vor- und Nachteile des Alter(n)s zu sprechen als Cato d. Ä. – der „große alte Mann" der Römischen Republik, Verfechter alter Sitten und Moral, der selbst unvorstellbare 85 Jahre alt wurde? Ganz folgerichtig stellt Cicero ihn in den Mittelpunkt seiner Schrift: „Cato der Ältere über das Alter". Es ist ein fiktives philosophisches Gespräch zwischen Cato, dem Sohn des Scipio Africanus und dem Politiker und Terenz-Freund Laelius. Cato vertritt hier die Ansicht, dass es nicht am hohen Alter liegt, wenn jemand seine Rolle in der Gesellschaft nicht mehr ausfüllen kann, sondern an mangelnder Gesundheit – wenn man sich gesund ernähre und regelmäßig, aber nicht übermäßig Sport treibe, so Cato, könne man auch im hohen Alter noch leistungsfähig sein. Ein Urteil, dass auch heute noch jeder *Personal Trainer* oder Mediziner unterschreiben würde.

Von Schwiegermüttern und Eunuchen

Terenz

Name: **Publius Terentius Afer**
Lebensdaten: **ca. 195/190–159 v. Chr.**
Literarische Gattung: **Komödie**
Werke: **„Die Schwiegermutter"** *(Hecyra)*, **„Die Brüder"** *(Adelphoe)* **u.a.**

Ein Schwarzer, der als Sklave aus Afrika nach Rom kommt und zu einem der größten Dichter seiner Zeit wird: Das ist nicht nur für das 2. Jh. v. Chr. eine erstaunliche Karriere. Terenz aber gelang genau das – denn sein Beiname „Afer" bedeutet nichts anderes als: „Afrikaner".

„Es giebt keinen lateinischen Schriftsteller, den genau zu kennen und zu studieren mehr Vortheil bringe, als den Terenz. Denn da es der erste Vorzug der Rede ist, zu dem, was man sagen will, den eigentlichen passendsten Ausdruck zu finden, so wird man hierin keinen größeren Meister finden als den Terenz, und er verdient es ganz, dass man ganz besondre Mühe, und den größten Fleiß auf ihn verwende."

Philipp Melanchthon

Wer war das?

Etwa in den 180er Jahren v. Chr. kam Publius Terentius Afer aus Nordafrika, evtl. aus Karthago (im heutigen Tunesien), nach Rom, als Sklave eines Senators mit Namen Publius Terentius Lucanus, der ihn ausbilden ließ. Sein Geburtsname ist unbekannt, aber nach seiner Freilassung nahm er, wie es der Konvention entsprach, den Namen seines Herrn an (s. S. 27). Er muss sich mit Lucanus gut verstanden haben, denn abgesehen von seiner Freilassung scheint es, als habe dieser ihn mit den prominentesten Römern seiner Zeit bekannt gemacht, und so freundete er sich u. a. mit Scipio und Laelius an. Bald war Terenz' Name in aller Munde, und seine Komödien wurden immer populärer; hier mag auch die Exotik des Afrikaners eine Rolle gespielt haben. Im Jahre 159 v. Chr.

Bürger zweiter Klasse – Freigelassene

Die **Sklavenhaltung** war ein wichtiger Grundpfeiler der Wirtschaft antiker Gesellschaften. Rein rechtlich war ein Sklave Eigentum seines Herrn. Doch gab es verschiedene Möglichkeiten, aus der Sklaverei entlassen zu werden: Viele Sklaven erhielten für ihre Arbeit einen (wenn auch meist geringen) **Verdienst**; sparte man genug, konnte man sich unter Umständen von seinem Besitzer freikaufen. Andererseits wurden viele Sklaven, besonders wenn sie sich gut führten, von ihren Herren auch ohne weitere Gegenleistung **freigelassen**. Häufig nach dem Tod ihres Herrn, wenn dieser im Testament verfügt hatte, dass diesem Sklaven oder jener Sklavin die Freiheit geschenkt werden sollte.

Diese sog. „Freigelassenen" *(liberti)*, wie eben auch Terenz, hatten einen **besonderen Rechtsstatus**. Sie wurden mit der Freilassung zwar offiziell zu römischen Bürgern, genossen aber weniger Rechte, v. a. in politischer Hinsicht; dies traf dann sogar noch auf die Kinder der Freigelassenen zu (wie z. B. Horaz). Lebte ihr ehemaliger Besitzer noch, waren sie ihm außerdem weiterhin in gewisser Weise unterworfen – in der **Frühzeit** der Römischen Republik sogar noch „auf Leben und Tod" (das sog. *ius vitae necisque*), im Laufe der Zeit wurde diese Abhängigkeit ein wenig abgemildert.

Wurde ein Sklave freigelassen, so erhielt er den **römischen Namen** (Vor- und Familiennamen) seines ehemaligen Herrn – wie bei einer Adoption; ihren ursprünglichen Namen führten viele Sklaven dann als Beinamen weiter.

brach Terenz dann zu einer Reise nach Griechenland auf, von der er nicht mehr lebend zurückkehren sollte.

Was schrieb er?

Terenz ist neben Plautus der zweite große Name der römischen Komödie. Doch gibt es drei große Unterschiede zwischen den beiden Dichtern: Terenz hat nur sechs Komödien verfasst (Plautus mindestens 20), die griechischen Vorlagen zu allen sechs Komödien sind bekannt (wenn auch nicht erhalten), und Terenz' Komödien selbst sind alle vollständig überliefert – damit ist Terenz der älteste römische Schriftsteller, dessen Gesamtwerk erhalten ist. Die sechs Komödien, die er geschrieben hat, tragen (wiederum im Gegensatz zu Plautus) alle die Namen der griechischen Originale, nur in lateinischer Umschrift: *Andria*, *Hecyra* („Die Schwiegermutter"), *Heautontimorumenos* („Der Masochist"), *Eunuchus* („Der Eunuch"), *Phormio* und *Adelphoe* („Die Brüder").

Ziemlich sicher ist, dass Terenz sich mehr an seine griechischen Vorlagen gehalten hat als Plautus. Dazu gehört, dass er noch einige andere Eigenheiten des Plautus über Bord warf: Der Anteil der gesungenen

Duo cum faciunt idem, non est idem.
„Wenn zwei das Gleiche tun, dann ist es nicht das Gleiche."

Partien ist sehr gering, kaum noch nachzuweisen, Wortspiele und vulgäre Witze kommen auch weniger vor. Terenz scheint es dabei vor allem um eine größere Wirklichkeitsnähe gegangen zu sein. Außerdem schaffte er sich so Platz für literarische Polemik und satirische Anklänge.

„Theophrast, Plautus und Terenz waren meine Welt, die ich in dem engen Bezirk einer klostermäßigen Schule mit aller Bequemlichkeit studierte."

Gotthold Ephraim Lessing

Wie ist das alles überliefert worden?

Dass die Komödien des Terenz so gut erhalten sind, liegt vor allem daran, dass er in der Spätantike und im Mittelalter zu den kanonischen lateinischen Schulautoren gehörte. So geht die moderne Überlieferung auch auf eine ganz alte Handschrift zurück: Sie stammt aus dem 4. oder 5. Jh., ist oft abgeschrieben worden, und es sind zudem Exemplare mit reichhaltigen Kommentaren erhalten. Darunter gibt es sogar ganz alte, wie die Kommentare des Philologen Donat (4. Jh.), der in seinen Randnotizen vermerkt hat, wo Terenz vom griechischen Original abweicht.

Philotis: Beim Pollux, wie wenige treue Liebhaber
hat ein Freudenmädchen doch, oh Syra.
Wie oft hat dieser Pamphilus nicht der Bacchis geschworen,
in einer Weise, dass jede ihm wohl geglaubt hätte, sie
nie zu betrüben, ihr Leben lang keine andere zur Frau zu nehmen.
Tja, nun hat er geheiratet.
Syra: Genau deshalb ermahne ich dich
und rate ich dir, hab mit keinem Mann Mitleid,
den du in die Finger bekommst, nimm ihn aus, leer ihm die Taschen!
Philotis: Wirklich, ganz ohne Ausnahme?
Syra: Ohne Ausnahme.
Denn wisse: Keiner kommt zu dir,
der dich nicht mit Schmeicheleien herumkriegen will,
damit er möglichst viel erhält für geringe Gegenleistung.
Willst du ihn dann nicht im Gegenzug über den Tisch ziehen?
Philotis: Und dennoch meine ich, wär's Unrecht, alle gleich zu behandeln.
Syra: Ist es denn Unrecht, sich am Gegner zu rächen,
oder ihn mit seinen eigenen Waffen zu schlagen?
Ach, ich Arme! Warum habe ich nicht dein Alter
und deine Figur – oder du meine Ansichten?

[Ter., Hec. 1–18]

Was bleibt?

Die wohl älteste deutsche Dramatikerin, Hrotsvith von Gandersheim, verfasste Mitte des 10. Jhs. ein *Dramenbuch*, das sich als Alternative zu den Komödien des Terenz verstand: Für den damaligen Geschmack waren diese nämlich immer noch äußerst frivol. Das *Dramenbuch* zeigt ganz folgerichtig Szenen, in denen sich vor allem keusche Jungfrauen unterhalten.

Erst in der Neuzeit, so scheint es, hat man mit Terenz auch inhaltlich wieder mehr anfangen können. Die größte Bedeutung hatte er dann natürlich im Bereich der Komödie. So bei Molière: *L'école des maris* („Die Schule der Ehemänner", 1661) ist eine Adaption von Terenz' *Adelphoe*, und auch *Les Fourberies de Scapin* („Die Schelmereien des Scapin", 1671) ist nach Terenz-Motiven gestaltet. Lessing beruft sich in der Vorrede des 3. Teils seiner Schriften auf Terenz (und Plautus, s. o.), Friedrich Hildebrand Freiherr von Einsiedel-Scharfenstein übersetzte Terenz' Stücke um 1800 am Weimarer Hof, Miguel de Cervantes bearbeitete die *Hecyra*, und Thornton Wilders Stück *The Woman of Andros* (1930) basiert auf der *Andria*.

Allroundtalent mit Ordnungssinn

Varro

Name: **Marcus Terentius Varro**
Lebensdaten: **116–27 v. Chr.**
Literarische Gattung: **Lehrwerke, Dichtung, Philosophie**
Werke: **„Über den Ackerbau"** *(Res rusticae de agri cultura),*
„Über die lateinische Sprache" *(De lingua Latina)* **u. a.**

Ein Gelehrter verschiedener Disziplinen, der in jeder seiner Fachrichtungen hoch angesehene, populäre und fundierte Werke schafft: Das ist in jedem Zeitalter eine Seltenheit. Wenn er dazu noch so viel schreibt wie Varro – über 70 Werke in insgesamt über 600 Schriftrollen hat er der Nachwelt hinterlassen –, ist dies umso erstaunlicher. Und bei der Fundgrube an Fakten, die sein Gesamtwerk einmal dargestellt hat, ist es ein umso größeres Unglück, dass kaum ein Prozent seiner Schriften das Mittelalter überlebt hat.

„Der gelehrteste Schriftsteller, den Rom je hervorgebracht hat."

Manfred Fuhrmann

Wer war das?

Marcus Terentius Varro kam aus einer ländlichen Gegend nördlich von Rom; seine Familie gehörte dem Ritterstand an. Als junger Mann kam er nach Rom, lernte später in Athen, diente beim Militär, durchlief die Ämterlaufbahn bis zum Prätor und zog sich mit etwa 60 Jahren aus dem öffentlichen Leben zurück und schrieb. Nur im Jahr 49 v. Chr. kehrte er noch einmal auf die öffentliche Bühne zurück – er war Anhänger des Pompeius, und im Machtkampf mit Caesar schlug er sich auf die Seite der Republikaner. Dennoch wurde er später von Caesar begnadigt, dem er daraufhin sein Hauptwerk, die *Antiquitates rerum humanarum et divinarum*, widmete. Fortan forschte und schrieb er, bis er mit fast 90 Jahren starb.

Portam itineri dici longissimam esse.
„Man sagt, der Weg durch das Tor sei der längste Teil einer Reise."

Was schrieb er?

Varro war ein begabter Forscher, aber kein besonders talentierter Schriftsteller. Seine Prosa ist trocken und zweckmäßig – aber das sollte sie wohl
auch sein. In allen seinen Werken hat er strikte Prinzipien der Ordnung
eingehalten. Obgleich er auch dichtete, war er doch v. a. Enzyklopädist.

Das einzig heute noch vollständig erhaltene Werk ist Varros Abhandlung „Über den Ackerbau" (*Res rusticae de agri cultura*). Seine Frau
hatte sich ein Landgut gekauft, und er wollte ihr helfen, es richtig zu
bewirtschaften – warum also nicht gleich ein (dreibändiges) Buch
schreiben? Sein Hauptwerk indes, die *Antiquitates rerum humanarum
et divinarum*, (in etwa: „Das Überlieferte menschlicher und religiöser
Belange"), ist verloren. Es handelte sich um eine römische Kulturge-
schichte in 41 Bänden, über alle altrömischen Sitten, Gebräuche, religiösen Riten etc., an der er zehn Jahre lang arbeitete. Ein weiteres wichtiges Werk, von dem immerhin etwa ein Fünftel überliefert ist, heißt „Über
die lateinische Sprache" (*De lingua Latina*). Es ist die älteste bekannte
systematische Darstellung der lateinischen Grammatik und Etymologie.

Der Gutsbesitzer muss sich darüber im Klaren sein, welche Tiere auf dem Gut oder in der
Umgebung gehalten werden können, die ihm sowohl zum Profit als auch zur Freude gereichen.
Dabei gibt es drei Abteilungen: Vogelkäfig, Hasenstall und Fischbecken. Die Vogelkäfige
enthalten alles Geflügel, das gewöhnlicherweise innerhalb der Mauern des Gutshofs gezogen
wird. „Hasenställe" nenne ich aber nicht das, was unsere Vorväter so bezeichneten – einen Ort, wo
es ausschließlich Hasen gibt –, sondern alle Ställe im und am Gutshof, wo Tiere gehalten werden.
Als „Fischbecken" bezeichne ich die Teiche, die in der Nähe des Gutshofes Fische enthalten,
gleich, ob in Süß- oder Salzwasser. Jede dieser Abteilungen kann man wiederum in mindestens
zwei unterteilen: Bei den ersteren gibt es einerseits die, die allein mit dem Erdboden zufrieden
sind – Pfauen, Tauben, Drosseln; anderseits die, die nicht allein mit dem Erdboden zufrieden
sind, sondern zusätzlich Wasser benötigen – Gänse, Knäkenten, Enten. Ebenso besteht die
Abteilung aus zwei Unterabteilungen: in der einen Eber, Ziege, Hase; in der anderen – die sich
außerhalb des Gutshofes befindet – Bienen, Schnecken, Haselmäuse.

[Varro, De agri cult. 3.3.1–3]

Was bleibt?

Die Art, wie man in Rom offiziell die Jahre zählte – ab der (mythischen)
Gründung der Stadt (*ab urbe condita* oder einfach *a. u. c.* –, geht auf
Varro zurück; man nennt sie auch „varronische Zählung". Es ist aller-
dings unklar, inwieweit diese Zählung in Rom überhaupt geläufig war.
Gewöhnlich sahen Jahresangaben nämlich folgendermaßen aus: „Im
Jahre der Konsuln X und Y." So mag die „varronische Zählung" vor allem
bei Jubiläumsfeiern der Stadt zum Tragen gekommen sein.

Gutmensch oder Wendehals?

Cicero

Name: **Marcus Tullius Cicero**
Lebensdaten: **106–43 v. Chr.**
Literarische Gattung: **Rhetorik, philosophische Schriften, Briefe**
Werke: **Reden gegen Verres *(Orationes in Verrem)*, „Über den Staat"
(De re publica), „Über die Pflichten" *(De officiis) u. a.***

Der Mann, dessen Antlitz den Umschlag dieses Buches schmückt, ist wahrscheinlich der bekannteste römische Schriftsteller, Redner, Philosoph und Politiker überhaupt. Und er ist mit Sicherheit der einflussreichste Stilist der lateinischen Sprache, an dessen Stil man sich buchstäblich jahrtausendelang orientiert hat. Und auch das konservative Politmagazin, das zum ersten Mal 2004 erschienen ist und die erste politische Zeitschrift seit dem *Focus* war, die sich auf dem Markt halten konnte, hätte sich kaum einen besseren Namen geben können: Cicero.

„Man hat es schon oft ausgesprochen: Kein anderer Mensch bis vielleicht ins 16. Jahrhundert ist uns so gut bekannt wie er."

Wilfried Stroh

Wer war das?

Marcus Tullius Cicero wurde 106 v. Chr. in Arpinum (dem heutigen Arpino in Latium) geboren. Seine Familie gehörte dem Ritterstand an, und er ging zur Ausbildung, wie in der Oberschicht üblich, nach Rom, um Rhetorik, Philosophie und Jura zu lernen. Laut dem Biografen Plutarch wurde Cicero bereits hier, zu seiner Schulzeit, bekannt (s. S. 33).

Wirklich berühmt wurde Cicero erst als Anwalt, ein paar Jahre später: Mit 26 Jahren verteidigte er einen Mann namens Sextus Roscius, der angeklagt war, seinen Vater ermordet zu haben. Es war ein spektakulärer Prozess, und quasi über Nacht kannte ihn ganz Rom. Doch hinterließ das Verfahren Spuren bei Cicero: Seine Stimmbänder waren überstrapaziert, und so verließ er Rom, um Athen zu besuchen und schließlich

Schon als Junge berühmt?

Der berühmte griechische Biograf Plutarch schreibt über den jungen Cicero:

Als er im Alter war, in die Lehre zu gehen, offenbarte sich sein naturgegebenes Talent, und er erlangte einen guten Namen und eine gewisse Berühmtheit unter den Jungen, so dass ihre Väter die Schule besuchten, um diesen Cicero mit eigenen Augen zu sehen und seine Schnelligkeit und Intelligenz beim Lernen zu beobachten, für die er gepriesen wurde. Die Böswilligeren von ihnen zürnten jedoch ihren Söhnen, wenn sie sahen, wie sie mit Cicero in ihrer Mitte herumliefen, um von seiner Bekanntheit zu profitieren.

Freilich schrieb Plutarch diese Worte über 100 Jahre nach Ciceros Tod, und so wird diese Schilderung in hohem Maße vom Blick des späteren Bewunderers geprägt sein.

auf Rhodos beim Rhetoriklehrer Apollonios Molon (bei dem auch Caesar in die Lehre ging) Techniken zu lernen, die es ihm ermöglichen würden, seine Stimme bei seinen langen Reden besser einsetzen und dadurch schonen zu können.

Diese Ausbildung auf Rhodos mag der Schlüssel zu seiner weiteren steilen Karriere gewesen sein – und er musste sich auch auf die eine oder andere Art besonders auszeichnen, denn schließlich galt er in Rom als sogenannter *homo novus* – als „Snob" (*s[ine] nob[ilitate]* – „ohne Adel"): Er gehörte keiner der alten patrizischen Familien Roms an (wie den Juliern oder den Claudiern), denen die höchsten politischen Ämter in der Regel vorbehalten waren. Es war also nur folgerichtig, dass er, wieder zurück in Rom, die vermögende Terentia heiratete (Mitgift: 100.000 Denare), bevor er die politische Karriereleiter erklomm; kurz darauf wurde er Quästor auf Sizilien und dadurch Senatsmitglied.

War er in Rom schon bekannt und beliebt, so wurde er es erst recht bald auf Sizilien, wo man seine vorbildliche Amtsführung lobte. Und so war es ein ganz natürlicher Schritt, dass er weitere fünf Jahre später, 70 v. Chr. und wiederum zurück in Rom, die Gemeinden der Provinz *Sicilia* in einem Prozess vertrat, der nun wirklich hohe Wellen schlug und mit dem man Ciceros Namen heute noch verbindet: Die Rede ist vom Verfahren gegen Gaius Verres, den römischen Statthalter auf Sizilien, den er wegen Korruption und Erpressung anklagte (s. S. 40). Obwohl Verres einflussreiche Freunde hatte, konnte die Verteidigung (geführt von dem bis dato immer noch bedeutendsten Redner Roms, Quintus Hortensius Hortalus) Ciceros Beweislast nichts entgegensetzen. Verres floh aus Italien, noch bevor das Urteil verkündet wurde, und Cicero nahm Hortalus' Platz ein – als gefeierter berühmtester Redner Roms.

Und er feierte nicht nur als Anwalt Erfolge, sondern auch in der Politik. Wenn man Cicero so etwas wie ein politisches Programm oder eine Überzeugung zuweisen will, so kann man ihn vielleicht am besten als wertkonservativen Republikaner bezeichnen: In seinen Schriften und Reden weist er etliche Male darauf hin, dass es gelte, den *mos maiorum*, die Werte und Sitten der Vorväter, hochzuhalten. Das bedeutete für ihn freilich auch ein uneingeschränktes Verfechten der Republik als bester Staatsform – eine Überzeugung, die er am Ende mit dem Leben bezahlte (auch wenn er sie vorher verraten musste, um seine Haut zu retten), durch die er aber auch stets zahlreiche Anhänger um sich scharen konnte: 63 v. Chr. wurde Cicero zum Konsul gewählt.

Wie bei seinen anderen Ämtern hatte Cicero für das Konsulat gerade erst das gesetzlich vorgeschriebene Mindestalter erreicht. Sein Gegenkandidat für die Konsulatswahl hieß L. Sergius Catilina. Und bald landete Cicero den nächsten Coup: Er deckte auf, dass Catilina und einige andere eine Verschwörung initiiert hatten, um die Regierung zu stürzen (s. S. 64). Cicero veranlasste den Senat, einige Teilnehmer der Verschwörung ohne Prozess hinrichten zu lassen – eine umstrittene Entscheidung, die vor allem Caesar verärgerte, was sich bald als fatal erwies: Auf Betreiben Caesars setzte dessen Freund, der Volkstribun Clodius Pulcher, ein Gesetz durch, das Ciceros Vorgehensweise im Nachhinein kriminalisierte, und so musste Cicero 58 v. Chr. ins Exil gehen. Seine Stadtvilla und sein Landhaus in Tusculum wurden dem Erdboden gleichgemacht.

„Als Staatsmann ohne Einsicht, Ansicht und Absicht, hat er nach einander als Demokrat, als Aristokrat und als Werkzeug der Monarchen figurirt und ist nie mehr gewesen als ein kurzsichtiger Egoist."

Theodor Mommsen

Doch natürlich hatte auch Cicero einflussreiche Freunde: Pompeius Magnus holte ihn im Jahr darauf nach Rom zurück. Zunächst kehrte er nun der Politik den Rücken zu und widmete sich der Literatur; in dieser Zeit entstanden seine großen philosophischen Werke. In der Politik hatte nun Caesar immer mehr die Fäden in der Hand, und während dieser noch in Gallien war, musste Cicero gegen seinen Willen als Prokonsul nach Kilikien (im Süden der heutigen Türkei) gehen.

Währenddessen spitzte sich die politische Lage in Rom immer mehr zu. Ende 50 v. Chr. kam Cicero zurück nach Rom, das am Rande eines neuen Bürgerkriegs stand – zwischen Caesar und Pompeius. Cicero glaubte wohl immer noch, die alte Senatsherrschaft wiederherstellen zu

Gewohnt strenge Miene: diese zeitgenössische Marmorbüste zeigt Cicero in reifem Alter, ca. 50–43 v. Chr. Musei Capitolini, Rom.

können und schloss sich Pompeius an – doch Caesar war am Ende siegreich, und im Jahre 47 v. Chr. ließ sich Cicero von ihm begnadigen. Doch blieb er ein Gegner Caesars, und als dieser im März 44 v. Chr. ermordet wurde, setzte er auf Oktavian, den späteren Augustus, den er als Hoffnung der Republik ansah und gegen Mark Anton unterstützte. Das Ende vom Lied: Oktavian und Mark Anton einigten sich, und Cicero wurde der Schwarze Peter zugeschoben. Man erklärte ihn zum Staatsfeind, und am 7. Dezember des Jahres 43 v. Chr. wurde Cicero auf seinem Landgut Formianum (beim heutigen Gaeta) von zwei Tribunen ermordet.

„Your tongue is old but sharp, Cicero! Be careful how you wag
it – one day it will cut off your head!"

Richard Burton als Mark Anton in „Cleopatra" (USA 1962)

Was schrieb er?

Cicero ist der römische Autor, von dem am meisten überliefert ist. In der
früher beim Leipziger Teubner-Verlag (und heute dem Berliner Verlag
de Gruyter) erscheinenden Reihe „Bibliotheca Teubneriana" sind sämtliche von Cicero überlieferte Schriften erschienen: Sie zählen hier an die
50 Bände. (Zum Vergleich: Der gesamte erhaltene Catull passt in einen
Band, ebenso Lukrez, Vergil oder Horaz, und auch Caesar füllt gerade
einmal drei Bände.) Ganz seinem Lebenslauf gemäß lässt sich diese große Zahl an „überlebenden" Schriften zumindest gut unterteilen: in Reden, philosophische Schriften, rhetorische Schriften und Briefe.

Reden
Wie es sich für einen so berühmten Redner gehört, machen die Reden
den Großteil des ciceronischen Werks aus. Beinahe 60 Reden Ciceros
sind mehr oder weniger vollständig erhalten, von weiteren 40 kennen
wir zumindest den Titel. Die meisten hat Cicero selbst aufgeschrieben
(bzw. aufschreiben lassen) und auch zu Lebzeiten veröffentlicht. Denn es
waren beileibe keine aus dem Stegreif frei gehaltenen Reden, sondern
sprachlich komplett durchkomponierte Gesamtkunstwerke, die er in
mühsamer Arbeit vor seinen Auftritten auswendig lernte.

Bei den Reden kann man nun wieder unterscheiden: Es gibt solche,
die er als Ankläger gehalten hat (sie heißen *Oratio in ...*, also: „Rede gegen ..."), und solche, die ihn als Verteidiger zeigen (*Oratio pro ...*, „Rede
für ..."). Dabei ist er sowohl ihn Straf- als auch in Zivilprozessen aufge-
treten. Die Reden gegen Verres (*Orationes in Verrem*), mit denen er zum
Staranwalt wurde, sind bereits zur Sprache gekommen – eine Besonderheit hierbei: Er hielt nur die erste dieser Reden vor Gericht, weitere
fünf (!) Reden gegen Verres wurden nur noch schriftlich veröffentlicht:
Verres war bereits geflohen.

Neben den Gerichtsreden gibt es noch solche mit politischem Hintergrund, und diese gehören, neben den Verres-Reden, zu seinen Meis-
terwerken: Die „Catilinarischen Reden" (*Orationes in Catilinam*) und
die „Philippischen Reden" (*Philippicae orationes*). Mit den „Catilinarischen Reden" überzeugte er den Senat, die noch in Rom verbliebenen
Teilnehmer der Catilina-Verschwörung hinzurichten (s. S. 64) – aus ei-

ner dieser Reden stammt der berühmte Spruch: *o tempora, o mores!*
(„Was für Zeiten! Was für Sitten!"). Die „Philippischen Reden" entliehen
ihren Namen von den schon damals legendären Reden des nicht minder
sagenumwobenen griechischen Staatsmannes und Redners Demosthenes gegen Philipp von Makedonien. Mit diesen sprach sich Cicero im
Senat offen gegen den aufstrebenden Mark Anton aus, um Oktavian zu
unterstützen – mit, wie bereits erwähnt, fatalen Auswirkungen.

Quid verba audiam, cum facta videam?
„Was soll ich auf Worte hören, wenn ich Taten sehe?"

Philosophische Schriften
Eines der größten Verdienste Ciceros ist, dass er dem römischen Publikum die Ideen einiger der größten griechischen Philosophen nähergE-
bracht hat. Dabei musste er öfter neue Wörter erfinden, um die griechischen Gedanken in lateinischer Sprache ausdrücken zu können. Man
kann ihn nicht direkt einer bestimmten griechischen philosophischen
Schule zuordnen, aber viel entstammt dem Gedankengut der Platoni-
schen Akademie in Athen. Wie bei Platon und Aristoteles üblich, hat
Cicero für viele seiner Philosophie-Werke die Form des Dialogs gewählt – also ein fiktives Gespräch zwischen zwei oder mehreren realen
Personen (aus Familie und Freundeskreis) oder auch historischen Figuren, die bereits verstorben waren.

    Die zentralen philosophischen Werke Ciceros heißen „Über den
Staat" (*De re publica*), „Über die Pflichten" (*De officiis*) und „Über das
höchste Gut und das schlimmste Übel" (*De finibus bonorum et malorum*).
„Über den Staat", geschrieben 54 bis 51 v. Chr., ist leider nicht vollständig überliefert. Ähnlich wie Platon in seinem Hauptwerk „Der Staat"
(*Politeia*) diskutiert Cicero hier verschiedene mögliche Staatsformen,
doch anders als der Grieche stellt er schließlich keinen fiktiven Staat vor,
sondern kommt zum Ergebnis, dass die Römische Republik die beste
Staatsform sei. Ein absolut brisantes Thema – man bedenke: Caesar
stand kurz davor, in Rom einzumarschieren und die Republik de facto
abzuschaffen. Als eine Art Ergänzung hierzu kann man Ciceros Schrift
„Über die Gesetze" (*De legibus*) ansehen. Auch diese steht in Platons
Tradition, genauer: in der von dessen Werk „Gesetze" (*Nomoi*) – und
wie bei Platon bilden auch die beiden Werke Ciceros über Staat und Gesetze eine Einheit. Hier geht es um die praktische Anwendung der Theorien aus „Über den Staat". Es ist allerdings unvollendet geblieben.

In „Über das höchste Gut …", verfasst im Jahre 45 v. Chr., also zwischen seiner Begnadigung durch Caesar und seiner Ermordung, fragt Cicero nach dem Sinn des Lebens und stellt mehrere Ansätze verschiedener philosophischer Schulen vor.

„Über die Pflichten" ist Ciceros letztes philosophisches Werk. Es hat die Form eines (zugegebenermaßen sehr langen) Briefes an seinen Sohn Marcus, der sich zu jener Zeit auf Studienreise in Athen befand. Cicero hat „Über die Pflichten" ein halbes Jahr nach Caesars Ermordung verfasst, und sicher muss man es im Lichte des Tyrannenmordes lesen. Er beschreibt hier, wieder eng am Vorbild Platon, die Pflichten und Tugenden des Menschen; als Tugenden nennt er Klugheit, Gerechtigkeit, Tapferkeit und Mäßigung. Außerdem zeigt er auf, welche Vorteile das tugendhafte Verhalten mit sich bringt, schreibt aber auch darüber, wie das Tugendhafte mitunter dem direkten Nutzen, den man von einer nicht ganz so tugendhaften Tat hätte, im Wege stehen kann – insbesondere in der Politik. Das Fazit überrascht nicht: Der Tugend ist immer der Vorrang zu gewähren.

„Der leichte und anmuthige Fluß der Rede bezaubert uns" – auch in der Übersetzung?

Der Philologe Friedrich Carl Wolff schreibt 1819 in seinen „auserlesenen Cicero-Reden":

Daß ich durch diese Uebersetzung alle, die sich öffentlich das Urtheil anmaßen, befriedigt hätte, ist keine Hoffnung, mit welcher ich mir schmeichle. Einige werden mich beschuldigen, daß ich zu wörtlich und sklavisch, andre, daß ich zu frei und weitschweifig übersetzt, andre vielleicht auch, daß ich nicht tief genug den Sinn der Urschrift ergründet habe – Aber, nicht allen, die als öffentliche Beurtheiler auftreten, gebührt das Urtheil. Nur wenige wissen, worauf es beim Uebersetzen alter Geisteswerke eigentlich ankömmt. Nur derjenige hat zum Uebersetzen Beruf, der sich von dem Geiste des Schriftstellers, dem er seine Sorge widmet, einiger Maßen durchdrungen fühlt. Wer nur den Sinn zurückgiebt, ohne sich um Kürze, Adel und Kraft des Ausdrucks zu bekümmern, oder mit ängstlicher Treue dollmetschend, in schwerfälligen Perioden sich fortbewegt, hat Ciceros Geist nicht erfaßt. Nicht bloß die Fälle und Mannigfaltigkeit der Gedanken, sondern auch der leichte und anmuthige Fluß der Rede bezaubert uns bei diesem großen Manne. Alle seine Reden scheinen mir in fortgehender Begeisterung gesprochen. Alle Töne weiß er zu treffen, alle Gefühle und Leidenschaften bei uns anzuregen. Wer ihn würdig übersetzen will, muß selbst eine gewisse Erhebung des Gemüthes fühlen, und ihm nachempfinden können, kurz durch eine gewisse Verwandtschaft des Geistes zu ihm hingezogen sein. Man muß aus der Uebersetzung, unabhängig von der Urschrift, begreifen können, wie Cicero durch seine Reden so große Wirkungen auf die ihn umgebende Menge hervorzubringen vermocht habe. […] Die Gedanken findet der Uebersetzer in seiner Urschrift, und wenn er sie sich gehörig verständigt hat, so ist sein Geschäft in Rücksicht auf dieselbe beendigt; aber sie eben so schön und kräftig, als er sie in der Urschrift ausgedrückt findet, zurückzugeben, das eigentlich erfordert seine Kunst. Denn wie vieles bleibt von der Schönheit eines Gedichtes übrig, wenn es seiner Form entkleidet, wie viel von der Schönheit einer Rede, wenn sie des Schmuckes der Darstellung beraubt wird?

Rhetorische Schriften

Genau trennen kann man die rhetorischen von den philosophischen Schriften nicht. Seine Theorien darüber, was einen guten Redner ausmacht und wie eine Rede aufzubauen und zu halten ist, haben genauso praktisch-philosophischen Charakter wie viele seiner anderen Werke. Die wichtigsten Rhetorikwerke Ciceros heißen (ganz abwechslungsreich): „Über den Redner" (*De oratore*) und „Der Redner" (*Orator*). Ein wichtiger Aspekt von Ciceros Theorien über Rede und Redner ist eine Art Ausgleich zwischen damals in Rom miteinander konkurrierenden Richtungen in der Redekunst: Es gab eine Gruppe, die einem schwülstigen, blumigen Redestil anhing, und eine andere, die die exakte, klar gegliederte Sprache forderte. Auch wenn man ihn, rein sprachlich, auf Anhieb eher der letzteren Kategorie zuteilen möchte, vertritt Cicero vor allem in „Über den Redner" (55 v. Chr.) die Ansicht, dass der gute Rhetoriker alle Arten der Sprache und Ausdrucksweisen beherrschen müsse und je nachdem, worüber er wie reden will, anwenden können müsse – und solle.

Briefe

Die Briefe Ciceros unterscheiden sich von denen z. B. Plinius' d. J. dadurch, dass es keine Kunstbriefe sind, sondern wirklich abgeschickte, oft sogar ganze Briefwechsel. Rund 900 Briefe sind erhalten, die Cicero in der Zeit zwischen 48 und 43 v. Chr. geschrieben oder erhalten hat. Sie sind heute in vier Briefsammlungen zusammengefasst: Briefe an verschiedene Freunde und Verwandte *(Epistulae ad familiares)*, Briefe an seinen Bruder Quintus *(Epistulae ad Quintum fratrem)*, Briefe an den späteren Caesar-Mörder Brutus *(Epistulae ad M. Brutum)* und Briefe an Ciceros engen Freund Atticus *(Epistulae ad Atticum)*.

Besonders interessant an den Briefen ist, dass wir aus ihnen viel über das Alltagsleben im alten Rom erfahren. Cicero schildert durchaus profane und alltägliche Begebenheiten; die meisten dieser Briefe haben einen ganz persönlichen Charakter – sie richten sich schließlich an Freunde und Familienmitglieder und wurden nicht geschrieben, um veröffentlicht zu werden.

Wie ist das alles überliefert worden?

War Cicero schon zu Lebzeiten berühmt, so wurde er schon bald nach seinem Tod zur Legende. Schon Ende des 1. Jhs. v. Chr. gab es Sonderausgaben bestimmter Teile seines Gesamtwerks, im 1. Jh. n. Chr. gab es erste kommentierte (Werk-)Ausgaben, es sind Handschriften aus der Antike erhalten, z. T. sogar auf Papyrus. Mit Ausnahme einer kurzen

Geschrieben in Formiae am 9. Tag vor den Kalenden des Februar im Jahre 705 nach Gründung der Stadt [= 20. Januar 49 v. Chr.]
Tullius sendet seiner Terentia, der Vater sendet seiner lieben Tochter, Cicero sendet seiner Mutter und seiner Schwester viele Grüße.

Ihr solltet immer und immer wieder ganz sorgfältig Euch Gedanken machen, meine Lieben, was Ihr tun wollt: Ob Ihr in Rom bleiben wollt oder bei mir sein oder an irgendeinem sicheren Ort. Das liegt nicht nur an mir, sondern auch an Euch. Folgendes ist mir eingefallen: In Rom könntet Ihr mit der Hilfe von Dolabella in Sicherheit sein, und das kann uns durchaus helfen, wenn es schließlich zu Ausschreitungen oder Plünderungen kommen sollte. Anderseits bekomme ich ein komisches Gefühl, wenn ich sehe, dass alle guten Männer aus Rom fliehen und ihre Ehefrauen mitnehmen. [...] Mir ist noch nicht ganz klar, was besser ist. Haltet Euch doch daran, was die anderen Frauen bei Euch tun, damit Ihr nicht Gefahr lauft, nicht mehr fortzukommen, wenn Ihr es wollt. Ich möchte, dass Ihr das sorgfältig besprecht, immer wieder und auch mit Euren Freunden. Das Haus soll gut verbarrikadiert sein und Schutz bieten, das sagt Ihr am besten dem Philotimus. Und beauftragt zuverlässige Boten, damit ich täglich Eure Briefe erhalte. Vor allem aber sorgt dafür, dass es Euch gut geht, wenn Ihr wollt, dass es mir gut geht.
8. [sic!] Tag vor den Kalenden, Formiae.

[Cic., Epist. ad fam. 14.18]

*

Aus der zweiten Rede Ciceros gegen den tyrannischen Statthalter Verres, der u. a. in ganz Sizilien Kunstwerke geraubt und in seiner Privatvilla aufgestellt hat:

In Agrigent gibt es einen Herkules-Tempel, nicht weit vom Forum, der den Einwohnern ganz und gar heilig und ehrwürdig ist. Dort befindet sich eine Herkules-Statue aus Bronze, und ich kann kaum sagen, dass ich je etwas Schöneres gesehen hätte. (Auch wenn ich mich bezüglich so etwas nicht wirklich als Schiedsmann fühle, obwohl ich schon viele solcherlei Dinge gesehen habe.) Diese Statue wird so sehr verehrt, oh ihr Richter, dass Mund und Kinn schon ein wenig abgerieben sind, weil man bei Gebeten und Danksprüchen gewohnt ist, die Statue nicht nur zu preisen, sondern zu küssen.
Als der Angeklagte sich dort in Agrigent befand, gab es bei diesem Tempel plötzlich mitten in der Nacht einen Zusammenlauf und einen Angriff bewaffneter Sklaven unter Führung des Timarchides. Die Wächter des Tempels erhoben ein lautes Geschrei, und auch wenn sie zunächst versuchten, Widerstand zu leisten und ihren Tempel zu verteidigen, wurden sie übel misshandelt mit Keulen und Knüppeln und schließlich vertrieben. Dann brach man die Riegel und die Türen auf und versuchte die Statue des Gottes herabzunehmen und mit großen Stangen umzuwerfen. Währenddessen verbreitete sich durch das laute Geschrei in der ganzen Stadt das Gerücht, die Götter der Vätersväter würden angegriffen, nicht durch unerwartete Feinde oder einen unvorhergesehenen Angriff von Dieben, sondern es sei aus dem Hause des Prätors in militärischer Aufstellung eine Gruppe bewaffneter Sklaven gekommen. Nun gab es in Agrigent niemanden mehr, der so alt oder schwach gewesen wäre, dass er in jener Nacht nicht, von der Nachricht aufgeweckt, aufgestanden wäre und irgendetwas, das gerade in der Nähe war, als Waffe ergriffen hätte. Also kamen die Menschen aus allen Richtungen zum Tempel gelaufen. Hier versuchte nun schon bereits seit mehr als einer Stunde eine große Gruppe Menschen die Statue abzunehmen; die einen bemühten sich, sie durch daruntergeschobene Stangen vom Fleck zu bewegen, andere hatten Stricke an die Glieder der Statue gebunden und versuchten, sie zu sich zu ziehen. Die

Statue aber bewegte sich nicht. Und da kamen die Einwohner von Agrigent angelaufen. Sie bewarfen die Eindringlinge mit Steinen, und das nächtliche Geschwader dieses feinen Heerführers dort auf der Anklagebank wandte sich zur Flucht. Zwei kleine Statuen nahmen sie aber doch, damit sie nicht mit leeren Händen zu diesem Heiligtumplünderer zurückkehren mussten. Aber den Sizilianern geht es nie so schlecht, dass ihnen nicht noch eine witzige Bemerkung von den Lippen kommt: Nach diesem Vorfall machte der Spruch die Runde, dass man nunmehr das Erledigen dieses Schweins Verres ebenso zu den Arbeiten des Herkules zählen müsse wie das Besiegen des erymanthischen Ebers.

[Cic., Verr. 2.4.94–95]

Zeit unter Papst Gregor I. (590–604), der den „Heiden" Cicero und seine Schriften vernichtet sehen wollte, war er die gesamte Spätantike und das Mittelalter hindurch (wie auch heute noch) Schulautor. Man kopierte seine Werke in ganz Europa, so dass der Humanismus (Petrarca, Erasmus), der sich schließlich auch im gesprochenen Latein wieder am Altmeister der lateinischen Rede orientieren wollte, aus dem Vollen schöpfen konnte.

Die interessanteste Überlieferungsgeschichte von Ciceros Werken hat sicherlich „Über den Staat". Lange war es verschollen, man kannte nur kurze Passagen, die bei anderen antiken Autoren zitiert wurden. Da fand man im Jahre 1819 in der Bibliothek des Vatikans einen sogenannten Palimpsest: Man bemerkte, dass ein Kodex aus dem 4. Jh. n. Chr., der eine Schrift über Psalmen enthielt, verfasst vom Kirchengelehrten Aurelius Augustinus, zuvor mit einem anderen Text beschrieben gewesen war. Die Originaltinte war vom teuren Pergament abgeschabt worden, um Platz für die Schrift des christlichen Autors zu haben. Durch mühevolle Rekonstruktion gelang es, die ursprüngliche Schrift wieder sichtbar zu machen – und siehe da: Es handelte sich um große Teile der ersten fünf Bücher von „Über den Staat". Ein wahrer Schatz.

Was bleibt?

Roman:

Mit seinem Roman *Imperium* (2006) hat der britische Autor Robert Harris dem Redner und Staatsmann Cicero ein ganz besonderes Denkmal gesetzt. Harris schildert Ciceros Leben durch die Augen seines (durchaus realen) Sklaven und Sekretärs Tiro. Es soll der erste Teil einer Trilogie sein, und in diesem ersten Band, der Ciceros Karriere bis zum Antritt des Konsulats schildert, spielt der Prozess gegen Verres und seine akribische Vorbereitung eine zentrale Rolle. Harris schildert Ciceros Leben als Krimi, als Thriller, und man mag es ihm verzeihen, dass er hier und da die historischen Fakten (wie den genauen Ablauf der Senatswahlen) dem Spannungsaufbau opfert. In weiten Teilen ist der Roman genau recherchiert – ebenso wie Cornelius Hartz' *Excrucior* (2008), in dem Cicero zwar kein Protagonist ist, aber eine seiner Gerichtsreden eine Schlüsselrolle spielt: die Verteidigungsrede für Marcus Caelius Rufus (*Oratio pro M. Caelio*), einen Freund des Dichters Catull, im Roman auszugsweise wortwörtlich wiedergegeben.

Topografie:

In den USA gibt es eine ganze Reihe Orte und Kleinstädte, die „Cicero" heißen und nach dem römischen Staatsmann benannt wurden, der für die Gründerväter in mehrerer Hinsicht Vorbildfunktion besaß. (Genau wie Seneca übrigens, der auch Namenspate für eine Anzahl amerikanischer Gemeinden ist.) Am prominentesten ist wohl Cicero/Illinois in der Nähe von Chicago: Der Ort war in den 1920er Jahren die Keimzelle von Al Capones Gangstersyndikat.

Typografie:

Im Schriftsatz hat sich bereits im 15. Jh. die Bezeichnung „Cicero" für Buchstaben in einer mittleren Schriftgröße (heute: 12 Punkt) eingebürgert. Es ist allerdings nicht zu klären, ob diese Bezeichnung vom Druck einer Cicero-Ausgabe herrührt oder ihren Namen doch „nur" vom in Rom ansässigen Setzer Ulrich Hans Cicero hat ...

Ganz Gallien? Nein!

Caesar

Name: **Gaius Julius Caesar**
Lebensdaten: **13. Juli 100 v. Chr.–15. März 44 v. Chr.**
Literarische Gattung: **Geschichtsschreibung**
Werke: **Historische Kommentare *(Commentarii)***

Caesar. Dies ist der eine Name, der wohl jedem Leser dieses Buches vertraut ist – und wohl so ziemlich überhaupt jedem, ob er nun Interesse an Rom und an römischer Literatur hat oder nicht. Dass sich spätere römische Kaiser diesen Namen als Titel wählten und er sogar bis in die modernen Sprachen (als „Kaiser" und „Zar") fortlebte, zeigt bereits, wie bedeutend dieser Mann war. Für die Politik seiner Zeit ebenso wie für den Lateinunterricht der Neuzeit – und hier wie dort genauso umstritten. Auch wenn es an dieser Stelle weniger um Caesar als Politiker und Feldherr geht denn um Caesar als Autor: Man kann das eine kaum vom anderen trennen. Sein schriftstellerisches Werk ist in erster Linie politische Propaganda, was sich sowohl in den Themen als auch in der Sprache ausdrückt.

Wer war das?

Gaius Julius Caesar war römischer Aristokrat und legte eine steile politische Karriere hin. Durch politisches Kalkül und taktisch kluge Verbindungen wurde er im Jahre 59 v. Chr. Konsul und ging anschließend als Prokonsul nach Gallien, das er binnen acht Jahren vollständig eroberte. Als Vorwand für den Krieg diente ein (angeblicher) gallischer Aufstand. Nachdem er nach Rom zurückgekehrt war, kam es zum über vier Jahre dauernden Bürgerkrieg, bei dem Caesar seinen ehemaligen Verbündeten Pompeius quer durch das Mittelmeer jagte. Wieder zurück in Rom wurde Caesar später zum Diktator ernannt, zunächst für zehn Jahre, dann auf Lebenszeit – die allerdings nicht mehr allzu lange währte: Am 15. März 44 v. Chr. wurde Caesar von einer Gruppe republikanisch gesinnter Senatoren ermordet. Doch die Republik ließ sich nicht mehr retten: Sein Adoptivsohn und Erbe war Oktavian, der spätere Augustus, der schließlich das römische Kaisertum begründete.

Libenter homines id, quod volunt, credunt.
„Die Menschen glauben mit Vorliebe das, was sie glauben wollen."

So wie Caesar zu seiner Zeit die Politik in zwei Lager spaltete, so uneins war sich stets die Geschichtswissenschaft darüber, wie man ihn als historische Figur bewerten soll. Während man in Caesar bis ins 20. Jh. meist den genialen Feldherren sah, mehrten sich gerade nach dem Zweiten Weltkrieg die kritischeren Stimmen. Denn man darf nicht vergessen: Die Eroberung Galliens kostete wahrscheinlich rund einem Drittel der Gesamtbevölkerung Galliens das Leben, ein weiteres Drittel wurde versklavt.

Trotzdem ist die Eroberung Galliens in diesem Zusammenhang von ganz besonderer Bedeutung: Seit Menschengedenken, mag man meinen, lernen Lateinschüler die Welt der römischen Literatur mit den berühmt-berüchtigten Worten kennen: *Gallia est omnis divisa in partes tres ...*

Kurz und bündig: das Leben Caesars

In seiner „Geschichte der Römischen Literatur" von 1828 fasst Johann F. C. Baehr Caesars wechselhafte Biografie auf etwas mehr als einer halben Druckseite zusammen, auf der er – ganz im damaligen Geiste – Caesars „glänzende Thaten" im militärischen Bereich lobt:

Geboren zu Rom 655 u. c. oder 99 a. Chr. erhielt Cäsar eine ausgezeichnete Erziehung und wissenschaftliche Bildung in der Griechischen Sprache und Literatur wie in der Römischen, zumal in der Beredsamkeit. Frühe schon zog ihn der Kriegsdienst an, in dem er später so glänzende Thaten vollbracht, und stürzte ihn nach dem Tode des Sylla von Asien, wo er damals diente, nach Rom mitten in die bürgerlichen Unruhen und Streitigkeiten. So kam im Jahr 691 u. c. mit Pompejus und Crassus der bekannte Bund zu Stande, der ihm auf fünf Jahre Gallien überliess und so die Eroberung dieses ganzen Landes, verbunden mit Zügen nach Britannien und Germanien möglich machte. Der neue Bürgerkrieg, der nach des Crassus Tode durch den Zwist der beiden Partheihäupter ausbrach, endigte sich zwar mit der für Cäsar so rühmlichen Schlacht bei Pharsalus 706 u. c. und mit der völligen Besiegung der Ueberreste jener Parthei in Africa und Spanien, aber er führte auch, als Cäsar allgebietender Dictator geworden war und zu einem neuen Kriege gegen die Parther sich rüstete, den Tod desselben herbei, am 15. März des Jahres 710 u. c. oder 44 a. Chr.

Was schrieb er?

„Gallien ist in seiner Gesamtheit in drei Teile geteilt": So beginnt das vielleicht bekannteste Werk der römischen Literatur. Allgemein als „Gallischer Krieg" (*Bellum Gallicum*) bezeichnet, ist der korrekte Titel: „Kommentare über den gallischen Krieg" (*Commentarii de bello Gallico*). Caesars zweites komplett erhaltenes Werk sind wieder solche „Kommentare": „Kommentare über den Bürgerkrieg" (*Commentarii de bello*

Veni, vidi, vici

Die zwei **berühmtesten Aussprüche** Caesars sind zweifellos *veni vidi vici* und *alea iacta est.*
Ersterer, „Ich kam, sah und siegte!", entstammt einem Brief Caesars, in dem er, noch kürzer und
bündiger als man es von ihm ohnehin schon gewohnt ist, im Jahre 47 v. Chr. seinen Sieg über den
pontischen König Pharnakes II. im heute türkischen Zela beschreibt.
Dieser Satz ist so bekannt, dass ihn die modernen **Massenmedien**, wie beispielsweise die
Werbung, immer wieder aufgreifen. Nintendo warb 2006 für seine neue Spielkonsole: „Veni Vidi
Wiici", Microsoft 2008 für sein neues Betriebssystem: „Veni Vidi Vista", und ein Berliner Natur-
kostgeschäft wirbt für seine Veganerkost: „Veni Vidi Vegi".

civili – kurz: *Bellum civile*). In beiden Werken beschreibt Caesar die
Kriege, an denen er Anteil hatte: den, den er im Auftrag des Senats führte (in Gallien), und den, den er auslöste (in Rom).

Dies ist nicht nur für die antike Literatur etwas ganz Besonderes:
dass ein Politiker und Feldherr seine eigenen Erfahrungen, Erlebnisse
und Erkenntnisse über seine Taten in einem literarischen Werk nieder-
legt. Literarisch kommt Caesar nicht an den Stil Ciceros, Senecas oder
Suetons heran. Er ist eher der Mann des knappen Wortes, der klaren
Struktur, der einfachen Konstruktion. Und natürlich ist es vor allem das,
was ihm den festen Platz in der Anfangslektüre des Lateinunterrichts auf
der ganzen Welt eingebracht hat. Das gesamte Vokabular in den Werken
Caesars beläuft sich auf nicht mehr als 1300 Wörter. Und doch gelingt es
ihm oft, seine wahren Gedanken zu verbergen, seine Motivationen zu
verschleiern. Dies ist auch ganz selbstverständlich, denn beide Werke
müssen in erster Linie als Propaganda-Instrument gesehen werden: So
werden die gallischen Städte bei Caesar beispielsweise stets „befriedet"
(lat. *pacare*) – dass der Krieg in Gallien mit einem wahren Völkermord
einherging, wird anhand solcher Euphemismen weniger deutlich.

„Der Würfel ist gefallen!"

Dieser Ausspruch Caesars stammt in dieser Form wohl **gar nicht von ihm selbst**. Es heißt, er
habe diesen markigen Spruch gesagt, als er entgegen geltendem Recht mit seinen Truppen den
Fluss Rubikon überschritt – was einen blutigen Bürgerkrieg auslöste, an dessen Ende er die
Alleinherrschaft in Rom erlangte.
Die lateinische Form *alea iacta est* ist das erste Mal bei **Sueton** überliefert, wohlgemerkt über
150 Jahre nach dem Ereignis. Gesagt haben wird Caesar wohl (wie ihn auch, wohl vor Sueton, der
griechische Historiker Plutarch zitiert): *kýbos anerríphto.* Dies ist ein griechischer Sinnspruch, der
auf den Komödiendichter **Menander** zurückgeht. Und er bedeutet: „Der Würfel *sei* hochgeworfen" –
die Entscheidung ist also nicht gefallen, sondern im Gegenteil noch **völlig offen**. Die genaue
lateinische Übersetzung wäre: *alea iacta esto* – Imperativ Futur. (Zur Ehrenrettung Suetons:
Vielleicht ist dies irgendwann im Mittelalter einfach falsch abgeschrieben worden …)

Das ganze gallische Volk ist vollkommen der Religion ergeben. Die, die von schlimmen Krankheiten betroffen sind, und die, die sich im Kampf und in Gefahr befinden, opfern Menschen, oder sie schwören zumindest, dass sie welche opfern werden. Bei den Menschenopfern benutzen sie die Druiden als Gehilfen. Sie glauben, dass man den Willen der Götter nicht erfüllen kann, wenn im Tausch für ein Menschenleben nicht ein anderes geopfert wird.

Die Gallier haben Standbilder von riesiger Größe, und in deren aus Weidenruten geflochtene Glieder stecken sie lebende Menschen; die Standbilder werden angezündet, und diese Menschen verbrennen und hauchen ihr Leben aus. Sie glauben, dass es den Göttern willkommener ist, wenn man überführte Diebe, Räuber oder sonstige Kriminelle für die Menschenopfer zum Tode verurteilt, aber wenn man nicht mehr genügend solche hat, opfern sie auch Unschuldige.

[Caes., De bel. Gal. 6.16]

Die Beschreibungen der gallischen (und nebenbei auch der germanischen) Kultur beruhen in erster Linie auf Hörensagen und sind immer wieder so zugespitzt, dass die „barbarischen" Völker dem römischen Publikum als grausam (s. o.) oder hinterwäldlerisch präsentiert werden. Dabei kommen die Germanen mit ihren martialischen Bräuchen und ihrer kriegerischen Gesinnung noch um einiges besser weg als die Gallier – natürlich: Germanien ließ sich schließlich nicht erobern.

Doch nicht nur die gallische Kultur beschreibt Caesar auf fragwürdige Art und Weise, auch über die Natur, insbesondere die Tierwelt Galliens weiß er Erstaunliches zu berichten (Einhorn-Rinder, Elche ohne Kniegelenke und Ure, fast so groß wie Elefanten). Insgesamt zeigte er eine den Römern fremde Welt, die dringend der Zivilisation bedurfte. Dabei führte er den Krieg zumindest auch, um sich selbst Ansehen, Reichtum und Einfluss in der römischen Politik zu verschaffen, und als er im Jahre 49 v. Chr. in Rom entgegen allen Gesetzen mit seinen Truppen einmarschierte, brach er einen Bürgerkrieg vom Zaun, an dessen Ende er sich als Alleinherrscher einsetzen ließ, der Römischen Republik den Todesstoß versetzte und letztlich das Kaiserreich aus der Taufe hob.

Es gibt daneben noch drei weitere Werke, die in ganz ähnlichem Stil verfasst sind und die sich mit Konflikten beschäftigen, an denen Caesar teilnahm: *Commentarii de Bello Hispaniensi* (Hispanischer Krieg), *Commentarii de bello Africo* (Afrikanischer Krieg) und *Commentarii de bello Alexandrino* (hier geht es um den Kampf um Alexandria). Bei diesen ist jedoch nicht ganz geklärt, ob Caesar sie wirklich selbst geschrieben hat. Ebenso gut könnten es spätere Trittbrettfahrer gewesen sein – oder waren es sogar Auftragswerke?

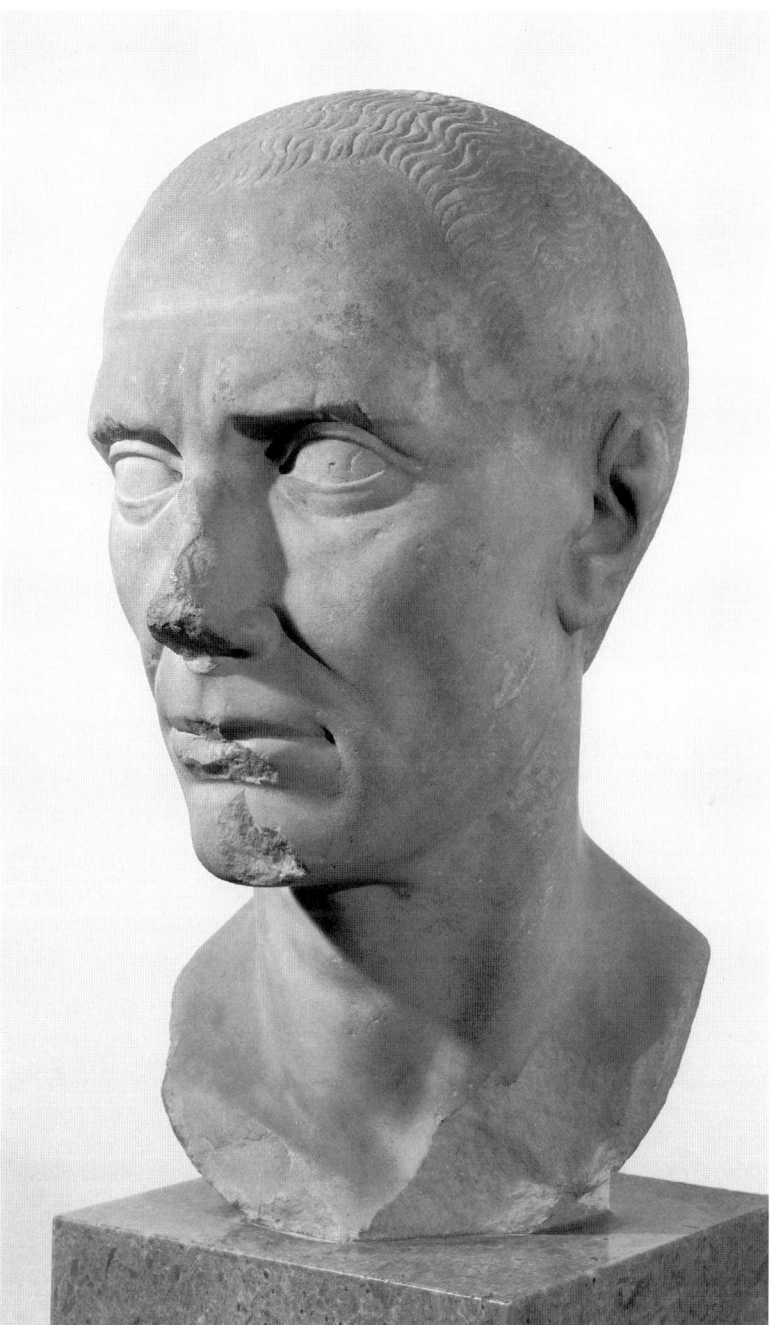

Marmorbüste Caesars aus der Zeit des Kaisers Tiberius (14–37 n. Chr.). Sie wurde nach einem Original aus dem Jahr 44 v. Chr., Caesars Todesjahr, angefertigt. Museo Archaeologico di Sicilia, Palermo.

„Was tu ich Schlimmres,
Als jener Cäsar tat, des Name noch
Bis heut das Höchste in der Welt benennet?
Er führte wider Rom die Legionen,
Die Rom ihm zur Beschützung anvertraut."

Schiller, Wallensteins Tod

Wie ist das alles überliefert worden?

In der Antike wurden Caesars Werke ab dem 1./2. Jh. n. Chr. nicht mehr so oft gelesen wie die von Historikern wie Sueton und Tacitus; dennoch wurden zwei Handschriften aus der Spätantike ins Mittelalter gerettet: eine nur mit dem „Gallischen Krieg", eine mit Caesars Gesamtwerk. Der größte Teil der Überlieferung geht auf diese zwei Exemplare zurück. Dass die Texte Caesars heute so gut überliefert sind, liegt aber vor allem daran, dass man ihn schon in der Zeit Karls des Großen wiederentdeckte (und nicht, wie viele andere antike Autoren, erst in der Zeit des Humanismus).

Was bleibt?

Caesars Werke leben heute vor allem im bereits erwähnten Lateinunterricht fort. Und sicher haben sie, nach wie vor die meistgelesene lateinische Literatur, dazu beigetragen, dass auch die historische Figur Caesar nach wie vor in allen Medien präsent ist. Hier nur einige Beispiele:

Theater
William Shakespeare: „Julius Caesar"
(*The Tragedy of Julius Caesar*, 1599)
Der Klassiker schlechthin, vielleicht *das* Theaterstück über Macht und Machtmissbrauch (mit dem berühmt gewordenen Zitat: „Brutus, auch du?"); bislang mindestens siebenmal verfilmt und immer noch auf zahlreichen Bühnen gespielt.

George Bernard Shaw: „Cäsar und Cleopatra"
(*Caesar and Cleopatra*, 1898)
Die Komödie will zeigen, dass es weniger Liebe als politisches Kalkül war, was Kleopatra zu Caesar hinzog, und verweist zudem auf Parallelen zwischen der römischen und aktuellen britischen Besetzung Ägyptens. In den 1960ern übersetzten Annemarie und Heinrich Böll das Stück neu; in dieser Fassung wurde es auch 1970 verfilmt (mit O. E. Hasse als Caesar).

Oper

Georg Friedrich Händel: *Giulio Cesare in Egitto* (HWV 17, 1723/24)
Eine der populärsten und vielleicht die seit dem 20. Jh. am meisten aufgeführte
Oper Händels; die Rollen Caesars und Ptolemaios' XIII. wurden für Kastraten
geschrieben, seit Langem wird Caesar deshalb meist in den Bariton transponiert
oder (heute immer häufiger) von einem Countertenor gesungen.

Roman

Alexandre Dumas: *„Caesar" (César. Biographie, 1855/56)*
Historische Romanbiografie, die heute weitgehend unbekannt ist. Mit seinen
langen Passagen, in denen die politischen Zusammenhänge beschrieben
werden, wirkt das Werk nach heutigen Standards eher als etwas trocken.

Bertolt Brecht: *Die Geschäfte des Herrn Julius Caesar* (1938–56)
Unvollendet gebliebener Roman mit sozialistischer Grundtendenz. In der
Rahmenhandlung will ein junger Anwalt Caesars Leben nacherzählen – die von
Brecht tatsächlich geschilderten Ereignisse konzentrieren sich aber auf die
Jahre 63–60 v. Chr., noch vor dem Gallischen Krieg.

Thornton Wilder: „Die Iden des März" (*The Ides of March*, 1948)
Briefroman über das Ende der Republik und Caesars Ermordung; auch Catull
spielt hier eine tragende Rolle.

Claude Cueni: *Caesars Druide* (1998)
Gut recherchierter historischer Roman, der während des Gallischen Kriegs spielt;
hier wird die gallisch-keltische Kultur in den Mittelpunkt gestellt.

Film

Julius Caesar (1953)
Shakespeare-Verfilmung (mit Dialog in Versen) – mit einem brillanten Marlon
Brando als Mark Anton und, nicht minder beeindruckend, Louis Calhern als
Caesar; vom *National Board of Review* als bester Film des Jahres ausgezeichnet.

Cleopatra (1963)
Bis 2007 der (inflationsbereinigt) teuerste Film der Filmgeschichte: Elizabeth
Taylor als Kleopatra VII. und Rex Harrison (Oscar-nominiert) als Caesar. Mit
20.000 Statisten gilt „Cleopatra" immer noch als eine der aufwendigsten
Filmproduktionen aller Zeiten; für neun Oscars nominiert, gewann er vier –
u. a. für das Kostümdesign.

„Ist ja irre – Cäsar liebt Cleopatra" (*Carry On Cleo*, 1964)
Einer der erfolgreichsten (und einer der besseren) Filme der britischen „Carry
On"-Reihe und eine Persiflage auf zahlreiche „Sandalenfilme". Er wurde mit
Kulissen und Requisiten von „Cleopatra" gedreht.

Fernsehen
Julius Caesar (Deutschland/Italien 2002)
TV-Zweiteiler von Uli Edel, beeindruckend bildgewaltiges und im Großen und Ganzen gut recherchiertes Biopic. Mit Jeremy Sisto als Caesar, Chris Noth als Pompeius und Heino Ferch als Gallierfürst Vercingetorix.

„Rom" (*Rome*, USA/Großbritannien 2005/06)
Gemeinschaftsproduktion von BBC, RAI und HBO, die teuerste Fernsehserie aller Zeiten – die erste Staffel kostete 100 Mio. Dollar. Auch wenn die geschichtlichen Abläufe mitunter der Dramaturgie zum Opfer fallen: Dank wissenschaftlicher Berater ist die Ausstattung authentisch, selbst kleine Details wie die Graffiti in den Straßen. Die erste Staffel erzählt die Zeit vom Gallienfeldzug bis Caesars Ermordung, mit Ciarán Hinds in der Rolle Caesars.

Comic
René Goscinny (†)/Albert Uderzo: „Asterix der Gallier"
(*Astérix le Gaulois*, 1959–?)
Kein Asterix ohne Caesar: In beinahe jedem der über 30 Bände taucht der den unbesiegbaren Galliern gegenüber meist hilflose „Cäsar" auf, zweimal sogar im Titel. Besonders beliebt: Anspielungen auf den späteren Caesarmörder Brutus und den Sieg über Vercingetorix. Die Darstellung Caesars orientiert sich an frühen, stark idealisierten zeitgenössischen Darstellungen Caesars.

PC-Spiel
Caesar I–IV (1992–2006)
Echtzeitstrategiespiel, das den Namen „Caesar" nur noch als Aufhänger bzw. Marketingtool und Chiffre für „altes Rom" benutzt – mit Caesar und seinem Leben hat es nichts zu tun.

Rüstung
CAESAR (Giat Industries, 2004–2007)
Das CAESAR (**CA**mion **E**quipé d'un **S**ystème d'**AR**tillerie) ist ein Artilleriege-schütz vom Kaliber 155 mm, das für die französischen Streitkräfte entwickelt wurde, die im Jahr 2004 77 Stück in Auftrag gaben (für 300 Mio. Euro) – ausge-rechnet die Nachfahren der Gallier! Inzwischen ist es auch nach Thailand (und eventuell Saudi-Arabien) verkauft worden.

Infotainment gegen Todesangst

Lukrez

Name: **Titus Lecretius Carus**
Lebensdaten: **ca. 99–55 v. Chr.**
Literarische Gattung: **Lehrgedicht**
Werk: **„Über den Ursprung der Dinge"** *(De rerum natura)*

Ein prominenter Verfechter des Lustprinzips, der, durch einen Liebestrank wahnsinnig geworden, Selbstmord begeht: Das ist Stoff für die BILD-Zeitung, möchte man meinen. Die Wahrheit ist selbstverständlich komplexer, und die Geschichte mit dem Liebestrank ist Lukrez wahrscheinlich erst viel später angedichtet worden, als man seine philosophischen Ansichten schon längst nicht mehr verstand – oder verstehen wollte.

Wer war das?

Das Einzige, was man über Titus Lecretius Carus sicher weiß, ist, dass er entweder ein Freund oder ein Kunde eines (ansonsten unbekannten) Mannes mit Namen Gaius Memmius war, dem er sein Hauptwerk widmete. Das ist nicht gerade viel.

Dann haben wir zwei Hinweise auf Lukrez' Todesdatum. Der erste Hinweis: Im Februar 54 v. Chr. schreibt Cicero einen Brief an seinen Bruder, in welchem er diesen darin bestätigt, wie großartig die Verse des Lukrez seien. Dabei nimmt man an, dass Lukrez' Werk postum veröffentlicht wurde und er keine Endkorrektur mehr vornehmen konnte – somit wäre er Anfang 54 v. Chr. schon tot gewesen. Der zweite Hinweis: ein Stück Text, das von Sueton zu stammen scheint; darin heißt es wiederum über Vergil, an dessen 17. Geburtstag sei Lukrez gestorben – im Jahr, als die Konsuln von Vergils Geburtsjahr, Pompeius und Crassus, erneut Konsuln waren. Nun hatten Pompeius und Crassus aber in drei verschiedenen Jahren (70, 55 und 53 v. Chr.) das Konsulat inne; und Vergils 17. Geburtstag wäre ohnehin im Jahr 53 v. Chr. gewesen. Dass Cicero und sein Bruder aber so lange vor Lukrez' Tod dessen Buch hätten lesen können, scheint unwahrscheinlich.

Stilicidi casus lapidem cavat.
„Der fallende Tropfen höhlt den Stein."

Irgendwo wird jemand einen Fehler gemacht haben. Da man im alten Rom die Jahre im Alltag nicht mit einer Jahreszahl bezeichnete, sondern mit den Namen der zwei Konsuln, die für dieses Jahr gewählt worden waren, konnte man da schon einmal durcheinanderkommen – vor allem, wenn man eine oder zwei Generationen später über einen längst Verstorbenen schrieb. In einer noch ein paar Hundert Jahre späteren Quelle ist zu lesen, Lukrez sei „während der 171. Olympiade" (Olympiade = die vier Jahre zwischen den Olympischen Spielen – eine Art der Jahresangabe im alten Griechenland) geboren und 44 Jahre alt geworden. Das würde bedeuten: Er lebte von 99–55 v. Chr.

Viel genauer können wir wohl nicht werden – und warum auch? Immerhin gibt es im Werk viele politische Anspielungen, und gerade in den Jahren 60–50 v. Chr. ging es in der römischen Politik drunter und drüber – bis Caesar sich schließlich als Diktator einsetzen ließ und de facto die Republik beendete. Da wäre es schon interessanter, zu welchem Zeitpunkt genau das Werk veröffentlicht wurde. Nun, nicht zuletzt illustriert das Ganze, zu welchen Verschraubungen man mitunter schreiten muss, um aus antiken Quellen verlässliche Angaben über Jahreszahlen, Daten oder einzelne Personen herauszurekonstruieren.

Was schrieb er?

Wer jetzt eine politische Schrift erwartet, wird zunächst einmal enttäuscht sein: „Über den Ursprung der Dinge" (*De rerum natura*) ist ein philosophisches Lehrgedicht. Lukrez stellt darin (in Versform) die Lehren des griechischen Philosophen Epikur dar, es ist die umfassendste und am besten erhaltene antike Darstellung der epikureischen Philosophie (s. S. 53).

„Über den Ursprung der Dinge" gilt als Lehrgedicht, also eine Art „Infotainment" (wie Horaz'„Dichtkunst" oder Ovids „Liebeskunst"): Die Dichtung erfreut die Sinne, und zugleich lernt man etwas – in diesem Fall über die Philosophie des Epikur. Und diese soll dem Leser Ausgeglichenheit und Seelenfrieden bringen – ein wichtiges Anliegen Lukrez' ist es z. B., die Furcht vor den Göttern zu bekämpfen. Im Gegensatz zu seinem griechischen Lehrmeister beschäftigt sich Lukrez aber durchaus auch mit den alltäglichen und politischen Problemen seiner Zeit; vor allem den leidbringenden Krieg prangert er an. Außerdem ist die fundamentale Religionskritik, die sich aus der Verneinung der Furcht vor den Göttern ergibt, bei Lukrez viel schärfer ausgeprägt als bei Epikur; die Bekämpfung des Aberglaubens wird zu einer Bekämpfung des Glaubens schlechthin.

Epikur und die Atome

Epikur (ca. 340–270 v. Chr.) erklärte die Wirklichkeit komplett **materialistisch**, ohne jegliche transzendente oder metaphysische Voraussetzungen. Das bedingte auch, dass die **Seele sterblich** ist. Seiner Philosophie liegt die Lehre des Atomismus zugrunde: Die gesamte Welt und alles, was existiert, besteht aus **Atomen**: kleinsten, nicht teilbaren (griech.: *a-tomos*) Einheiten, deren Anzahl unendlich ist. Die Anzahl der Formen, die die Atome durch Verbindung miteinander eingehen können, ist jedoch endlich. Folglich gibt es einen **unendlichen Raum** mit unendlich vielen Welten. Aber da alles aus Atomen besteht, was existiert, muss auch die menschliche Seele aus solchen Atomen bestehen – folglich ist sie sterblich (wofür Lukrez mehr als zwei Dutzend Beweise bringt).

Für das menschliche **Leben und Verhalten** bedeutet das, dass dreierlei zu vermeiden ist: Schmerz, Begehren und Furcht. Dass die Götter in das Leben der Menschen eingreifen können, hält er für Aberglauben, und auch vor dem Tod müsse man sich **nicht fürchten**: „Solange wir existieren, existiert der Tod nicht, wenn der Tod aber kommt, existieren wir nicht mehr."

So ist es auch ganz richtig, dass der Mensch automatisch danach strebt, **Lust zu empfinden** und Unlust zu vermeiden. Dennoch ist dies nicht ganz so einfach, wie es scheint: Für Epikur steht an erster Stelle die allgemeine und tiefe Lebensfreude; der kurzfristige Lustgewinn ist nur anzustreben, wenn er diese Lebensfreude nicht beeinträchtigt, und für einen wahren Epikureer konnte es auch ein „lustvolles" Leben voller Lebensfreude geben, **ohne** dass er überhaupt kurzfristige Sinnesfreuden genoss.

Dieser letzte Punkt ist zu wenig beachtet worden, und so hat man viele Jahrhunderte lang Epikurs Lehre als **rein hedonistisch** angeprangert und verdammt (gerade in Kirchenkreisen).

Neben dem Inhaltlichen ist Lukrez' Werk für die Literaturgeschichte vor allem deshalb bedeutend, weil er neben Cicero der Erste war, der die griechische Philosophie in die lateinische Sprache übersetzte – freilich eine ganz andere Philosophie als die des strengen Stoikers Cicero. Eine ganze Reihe Zeitgenossen war außerdem von seiner Dichtkunst begeistert; nur leider hat Lukrez, wie gesagt, die Veröffentlichung seines Werkes wohl selbst nicht mehr miterlebt.

Wie ist das alles überliefert worden?

Die Philosophie Epikurs ist natürlich mit den christlichen Dogmen unvereinbar (man denke nur an die sterbliche Seele). Und ganz folgerichtig wurde er ab der christlichen Spätantike vor allem dann zitiert, wenn man zeigen wollte, was für haarsträubende Auswüchse die „heidnische" Religion der alten Römer doch zutage gefördert hatte. Im Mittelalter wurde „Über den Ursprung der Dinge" kaum noch gelesen. Dennoch ist der Text erstaunlich gut erhalten, wenn man erstens bedenkt, dass die ganze Überlieferung wahrscheinlich auf nur ein Manuskript aus dem 4. oder 5. Jh. zurückgeht, und zweitens, wie „ketzerisch" das Werk für die Mönche gewesen sein muss, die es in den Skriptorien der Klöster kopierten.

Nicht Prometheus brachte den Menschen das Feuer, sondern:

Der Blitz war's, der zuerst den Menschen das Feuer verschaffte,
Und die Flamme breitete sich rasch aus, überallhin;
Denn wir sehen, wie viel von den himmlischen Flammen
Entzündet wird, wenn ein Blitzschlag vom Himmel herabfährt.
Und ein Baum mit vielen Ästen, vom Winde bewegt,
Wird entzündet, wenn er mit seinen Ästen den nächsten Baum anstößt,
Denn auch durch die Kraft der Reibung kommt es oft zum Entzünden.
Und mitunter entzündet sich auch schon ein Feuer,
Wenn im Wind nur die Äste am Stamm sich reiben.
Auf diese zwei Arten könnten die Menschen das Feuer erlangt haben.

[Lukr. 5.1092–1114]

*

Ein Beweis dafür, dass die Seele sterblich ist:

Was zweifelst du noch daran, dass die Seele, würde sie hinaus
Aus dem Körper gestoßen, ohne ihre schützende Hülle
Nicht überleben könnte durch endlose, ewige Zeiten?
Nicht einmal einen Augenblick lang könnte sie sich halten!
Auch – so scheint es – empfindet es keiner, der stirbt,
Dass die Seele unverletzt aus dem Körper herausgeht,
Durch den Hals und bis in den Mund erst hinaufsteigt;
Sie stirbt an eben jener Stelle, an der sie ihren Sitz hat,
Wie bei den anderen Sinnen ja auch bekannt ist, wo sie sitzen,
Wenn sie vergehen. Wenn nun die Seele unsterblich wäre,
Würde sie nicht so bitterlich klagen, wenn ihr Besitzer stirbt,
Sondern gern aus ihrer Hülle schlüpfen, wie eine Schlange.

[Lukr. 3.603–614]

Was bleibt?

Erst der Humanismus entfachte wieder das Interesse für Lukrez. Nachdem 1473 die erste gedruckte Ausgabe erschienen war, gab es eine ganze Reihe Nachahmer, die seine Themen aufgriffen, um eigene Lehrgedichte zu fabrizieren – ein Trend, der bis ins 18. Jh. anhielt. Von Werken, die sich auch im Titel an Lukrez anlehnten (Scipione Capece: *De Principiis Rerum*), bis zu eher stilistischen Imitationen wie Bernardo Zamagnas *De Nave Aeria*, ein Gedicht über das Luftschiff der Brüder Montgolfière.

Natürlich hatte Lukrez' (und damit ja auch Epikurs) Wiederentdeckung auch Folgen für die Philosophie: vom Materialismus eines Laplace oder Diderot über den Marxismus bis zur postmodernen Philosophie eines Roland Barthes.

Liebe, Spott und früher Tod

Catull

Name: **Gaius Valerius Catullus**
Lebensdaten: **ca. 85/84–55/54 v. Chr. (?)**
Literarische Gattung: **Lyrik**
Werke: **Gedichte, Kleinepos**

Ein Liebender, ein Leidender, ein Rebell, ein Verträumter, ein mitreißender Erzähler, ein feinsinniger Dichter, ein großmäuliger Angeber, ein Misanthrop, ein Frauenhasser? Man kann noch mehr herauslesen aus den vielen Gedichten, die von Catull erhalten sind. Ob diese Attribute ihn richtig beschreiben, bleibt uns aber verborgen – es sei denn, man könnte das, was Catull in seinen Gedichten von sich selbst preisgibt, 1:1 auf die reale Person übertragen. Lange Zeit hat man das auch getan – heute ist die Forschung ein Stück weiter.

Wer war das?

Kaum ein Dichter der Antike ist ähnlich berühmt, während wir gleichzeitig so wenig über ihn wissen. Zur Biografie des Gaius Valerius Catullus sind drei antike Textstellen erhalten, die auf seine Lebensumstände Bezug nehmen, und daraus erhalten wir folgende Informationen: Catull war ein lyrischer Dichter, wurde im Jahre 87/86 v. Chr. in Verona geboren und ist 57/56 v. Chr. gestorben (Hieronymus); schon in jungen Jahren starb er als geehrter Dichter (Ovid), er wurde 30 Jahre alt (Hieronymus und Sueton), zumindest im Jahre 35 v. Chr. war er auf jeden Fall tot (Nepos). Selbst bei diesen knappen Angaben, die kaum etwas von Bedeutung über Catulls Lebensumstände nennen, gibt es Schwierigkeiten: Im Jahr 56 kann Catull nicht gestorben sein, denn in einem Gedicht erwähnt er Caesars ersten Feldzug gegen Britannien. Und der war im Jahr 55 v. Chr. Immerhin lassen sich aus Catulls Gedichten ein paar Lebensumstände rekonstruieren, die uns noch ein wenig weiterhelfen bei der Frage: Wer war das?

Catull ist wohl in dem kleinen Ort Sirmio (dem heutigen Sirmione) aufgewachsen, westlich von Verona auf einer Halbinsel im Gardasee gelegen – vielleicht hat er hier aber auch erst später nur eine Villa gehabt.

Snell über Catull

Bruno Snell war einer der bedeutendsten Klassischen Philologen des 20. Jhs.; in den 1950er Jahren war er Rektor der Hamburger Universität und leitete die Hochschulreform mit ein. Das folgende Zitat stammt aus seiner Radiosendung „Neun Tage Latein", die 1954/55 im NWDR ausgestrahlt wurde und damals ein echter „Straßenfeger" war:

Wir haben von Catull gesprochen, der eigentlich erst die Dichtung in Rom heimisch gemacht hat, oder, um es genau zu sagen, der erste richtige Dichter in Rom war. Diese erste originale Dichterfigur in Rom war aber nicht nur anders als seine etwas ungehobelten und steifleinenen Vorläufer, sondern auch als die griechischen Poeten, und er hat etwas Neues in die europäische Poesie gebracht, das nicht wieder daraus fortzudenken ist. Das war ein bis dahin ungehörter Ton der Empfindsamkeit. In seiner unglücklichen Liebe zu der bedenklichen Clodia lernte er zu unterscheiden zwischen dem *amare*, der sinnlichen Leidenschaft, und dem *bene velle*, dem reinen Gefühl einer herzlichen Gesinnung. Damit wurde er zu dem ersten empfindsamen Dichter.

Man weiß zudem, dass er irgendwann nach Rom übergesiedelt ist, man kennt ein paar seiner Freunde (und Feinde) und die Kreise, in denen er verkehrte. So ist unbestritten, dass Catull sehr wohlhabend war und nicht arbeiten musste, das hieß vor allem: nicht die eigentlich für jemanden wie ihn vorgesehene Ämterlaufbahn durchlaufen musste.

Catull gehörte zur Gruppe der *poetae novi* („neue Dichter") oder „Neoteriker" – nach einer spöttisch gemeinten Bemerkung Ciceros –, einer Art Freundeskreis dichtender Oberschichtler. Die Neoteriker waren die ersten, die die Dichtung zu ihrer ausschließlichen Beschäftigung machten. Das schlägt sich auch in einem anderen Aspekt, einem Wertewandel nieder: Bei Catull tritt die Geliebte an die Stelle der Familie, der Freundeskreis an die Stelle des Staates – man schrieb nicht für ein breites Publikum, sondern für sich selbst und seine Freunde (was zur Folge hat, dass man bei Catull manches ohne sein „Insiderwissen" nicht versteht). Leider ist Catull der einzige Neoteriker, von dem etwas erhalten ist. Die Neoteriker adaptierten die auf Kallimachos von Alexandria zurückgehende hellenistische Dichtung für die römische Literatur, das hieß: Man schrieb keine langatmigen Epen, sondern kurze Gedichte, die sprachlich so ausgefeilt waren, dass man mitunter Monate für ein paar Verse brauchte (von Kallimachos ist der Sinnspruch überliefert: „Ein großes Buch ist ein großes Übel."). Zwar waren die anderen Neoteriker nicht die ersten Dichter in Rom, die sich mit der hellenistischen Literatur auseinandersetzten, neu aber war bei Catull die Verbindung dieses literarischen Ideals mit etwas anderem, und das ist eine nicht zu unterschätzende Besonderheit: Was bei Catull den Anfang nimmt (und sich über Ovid und Tibull bis Rilke oder Houellebecq fortsetzt), ist die Darstellung persönlicher Empfindung in der Dichtung.

Eine moderne Catull-Büste bei den „Grotten des Catull" in Sirmione am Gardasee –
mangels zeitgenössischer Darstellungen ein reines Fantasieprodukt; man weiß noch
weniger von Catulls Äußerem als über seine Biografie.

Was schrieb er?

Das unter Catulls Namen überlieferte Buch enthält verschiedene Ge-
dichtformen, die in drei „Abteilungen" nacheinander arrangiert sind.
Diese Anordnung, über deren Authentizität nichts bekannt ist, hat erst-
mals Ende des 19. Jhs. einen Forscher dazu bewogen, das Werk in drei
Bücher aufzuteilen, die man heute folgendermaßen fasst: Kleine Gedichte in verschiedenen Versmaßen (Gedicht Nr. 1–60), lange Gedichte
(61–68), Epigramme (65–116). Die drei Teile sind in etwa gleich lang,
und man könnte annehmen, dass es ursprünglich drei Bücher waren, die
Catull herausgegeben hat – wenn es nur irgendwelche Beweise dafür
gäbe ... Wahrscheinlicher ist, dass jemand später (in der Spätantike oder

im Mittelalter?) die Gedichte geordnet und in einem Pergament-Kodex zusammengestellt hat. Eines ist klar: Die heute als ein Buch herausgegebenen Gedichte Catulls sind zu umfangreich, als dass es nur ein Buch gewesen sein könnte. Der Papyrus wäre nach der geltenden Konvention zu lang für eine Rolle gewesen.

Die drei Teile unterscheiden sich jedoch nicht nur durch die Länge der Gedichte: Die „langen Gedichte" im Mittelteil sind stilistisch viel hochgestochener und widmen sich ganz anderen Themen: Es sind u. a. zwei Hochzeitslieder, eine Übersetzung eines stilistisch anspruchsvollen Kallimachos-Gedichts aus dem Griechischen und ein „Epyllion" (64), in dem Catull zwei mythische Stoffe mittels einer „Geschichte in der Geschichte" kunstvoll zu einem „Mini-Epos" von nur etwas über 400 Versen verknüpft.

Die kürzeren Gedichte des ersten und dritten Teils sind von ganz anderer Art: Hier geht es um Alltäglicheres, persönliche Erfahrungen und Erlebnisse, die Beschimpfung von Widersachern, die Verspottung oder den Trost enger Freunde und ganz besonders auch – um die Liebe.

Lass uns leben, Lesbia, und uns lieben
Und lass uns die Reden der strengen alten Männer
Für nicht mehr wert halten als bloß ein As!
Die Sonne geht unter und sie kehrt wieder zurück.
Wenn uns aber dann das kurze Licht des Lebens erlischt,
Schlafen wir eine ewige Nacht lang.
Gib mir eintausend Küsse und danach einhundert,
Danach noch einmal tausend und noch einmal hundert,
Und danach einmal tausend und noch einmal hundert.
Und dann, wenn wir uns viele tausend Mal geküsst haben,
Wollen wir uns verzählen, damit wir nicht wissen
Und uns auch kein böser Mensch beneidet, der wüsste,
Wie viele Küsse es waren.

[Catull 5]

Eine ganze Reihe von Gedichten ist an eine gewisse Lesbia gerichtet, und man kann durch diese Gedichte hindurch eine Liebesbeziehung von Anfang bis Ende verfolgen: vom ersten Kennenlernen und der Schwärmerei über heiße Liebesschwüre und erotische Anspielungen bis hin zu Eifersucht, Zerwürfnis und schließlicher Trauer und Wut über die treulose Geliebte. Das berühmteste Gedicht Catulls, Nr. 85, hat nur zwei Verse, und man weiß nicht, ob es hier auch um Lesbia geht (es tauchen durchaus noch andere Geliebte bei Catull auf, u. a. ein Jüngling namens Juventius). Aber es ist so eindringlich und erscheint so modern, dass es Vielen als Speerspitze der Lyrik überhaupt gilt:

Odi et amo. Quare id faciam, fortasse requiris?
Nescio. Sed fieri sentio et excrucior.
„Ich hasse und ich liebe. Warum das so ist, magst du mich fragen?
Ich weiß nicht. Doch fühl ich's geschehen, und ich zermartere mich."

Dieses Gedicht gilt seit Langem als „unübersetzbar" – ganz einfach weil es im Lateinischen so kunstvoll gestrickt ist, dass man seine ganzen Feinheiten und seinen Aufbau nicht in eine andere Sprache übertragen kann. Das gilt eigentlich für die meisten Gedichte, egal in welcher Sprache. Aber was bei Catull so besonders ist: Selbst die krudesten Themen, die obszönsten Beschimpfungen sind so virtuos gebaut und selbst dann, wenn er Umgangssprache benutzt, mit so feinen stilistischen Einzelheiten durchsetzt, dass man merkt: Hier hat jemand ebenso lang an einem Gedicht gesessen, das Caesar verspottet, wie an dem gleich darauf folgenden Liebesgedicht. So ist es eben weniger das Kunstvolle, das die kurzen von den langen Gedichten bei Catull unterscheidet, als vielmehr die Themen – hier das große Pathos, da die alltäglichen Beobachtungen und Gefühle.

Weil Egnatius so weiße Zähne hat,
Lacht er überall und ständig. Wenn er vor die Bank der
Angeklagten tritt, wo ein Redner alle gerade rührt, bis sie weinen:
Er lacht. Wenn man trauert um eines braven Sohnes
Leiche, wenn eine Mutter um ihren Einzigen weint:
Er lacht. Was es auch ist, egal wo,
Was jemand auch tut: Er lacht. Das ist seine Krankheit,
Und die, wie ich meine, ist nicht gerade fein oder höflich.
Und so, mein guter Egnatius, muss ich dich ermahnen:
Wärst du aus Rom, aus Sabinum oder Tibur,
Ein dicker Umbrer oder ein fetter Etrusker,
Ein dunkelhäutiger Lavinier mit starken Zähnen
Oder ein Transpadaner (um auch meine Gegend zu nennen)
Oder sonst woher, wo man die Zähne sich rein hält,
Wünschte ich dennoch nicht, du würdest immer nur lachen:
Denn nichts ist eitler als Lachen über nichts.
Oh Egnatius, du bist doch aus Hispanien, und dort ist man doch gewohnt,
Sich Zähne und Zahnfleisch zu putzen mit dem, was man
Morgens beim Pissen von sich gibt?
Daraus ist zu schließen: Je weißer deine Zähne sind,
Umso mehr Pisse musst du wohl geschluckt haben.

[Catull 39]

Ich hasse und ich liebe …

Who taught thee how to make me love thee more
The more I hear and see just cause of hate?

Shakespeare

Now hatred is by far the longest pleasure;
Men love in haste, but they detest at leisure.

Byron

I love to hate you.

Erasure

And I am hated for loving.

Morrissey

This love, this hate
It's burning me away.

Hollywood Undead

Wie ist das alles überliefert worden?

Die gesamte Überlieferung Catulls geht auf eine einzige Handschrift aus dem 13. Jh. zurück – es ist also ein ungeheures Glück, dass überhaupt etwas erhalten ist. Diese Handschrift wurde in Verona entdeckt, ging aber wieder verloren; etwa 110 Kodizes gehen auf dieses eine verlorene Exemplar zurück. Der Text ist insgesamt sehr gut erhalten, es gibt nur wenige Stellen, wo ganz offensichtlich etwas nicht stimmt, die sich aber leider nicht mehr rekonstruieren lassen. Es ist nur schade, dass es keine ältere Handschrift gibt, die vielleicht über die Anordnung der Gedichte etwas aussagen könnte, über die sich die Gelehrten seit Hunderten Jahren streiten …

Was bleibt?

Lyrik

Mit Catull als „dem ersten empfindsamen Dichter" sind die Instanzen und Arten, wie sein Werk immer weiter fortlebt, natürlich unzählbar – auch noch in der Lyrik der Moderne, die ohne den Ausdruck persönlicher Empfindsamkeit nicht denkbar ist.

Dies soll hier nur ganz beispielhaft ein Gedicht von Bertolt Brecht verdeutlichen, das in Ton und Komplexität beinahe mit Catulls Gedicht 85 (s. S. 59) vergleichbar ist:

Schwächen
Du hattest keine
Ich hatte eine:
Ich liebte

Auch hier ist kein Wort entbehrlich; und mit nur neun Wörtern gelingt es Brecht, ganz tiefgehende Gefühle auszudrücken.

Musik

Carl Orff: *Catulli Carmina* (1930–33, veröffentlicht 1943)
Catulli Carmina („Gedichte des Catullus") bildet den Mittelteil des musikalischen Triptychons *Trionfi* (zu dem außerdem die *Carmina Burana* and *Trionfo di Afrodite* gehören). Die Kantate vertont die Catull-Gedichte 1–8 als Liebesgeschichte zwischen einem verliebten und leidenden jungen Mann und der Lesbia, die beide von Solostimmen gesungen werden; der Chor nimmt die Funktion des Chors der griechischen Tragödie ein. Dem ganzen Werk voran steht eine von Carl Orff selbst auf Latein verfasste Einleitung.

Tourismus

Sirmione, *Grotte di Catullo* und *Terme di Catullo*
Am südlichen Ufer des Gardasees, auf einem Hügel bei S. Pietro an der Spitze der Halbinsel von Sirmione, hat man die Überreste einer großen römischen Villa ausgegraben. Natürlich lag es nahe, diese Fundstelle als „Grotten des Catull" zu bezeichnen (und das Schwefelbad als „Thermen des Catull"), nur leider stammt die einst reich ausgestattete Villa aus einer Zeit, als Catull bereits tot war. Den Fremdenverkehr kümmert das nicht.

Roman

Im historischen (Antike-)Roman wird Catull oft als Figur verwendet – er ist immer noch eine der bekanntesten Gestalten der späten Republik, die wiederum mit ihren politischen Verwicklungen und Intrigen immer wieder als Romanstoff herhalten muss. Und da hat man neben Caesar oder Cicero eben gern auch eine „unpolitische" Figur.

Beispiele hierfür sind:
• Thornton Wilder: „Die Iden des März" (*The Ides of March*, 1960)
• William G. Hardy: „Stadt der großen Gier"
  (*The City of Libertines,* 1960)
• John Maddox Roberts: „SPQR II – Die Catilina-Verschwörung"
  (*The Catiline Conspiracy*, 1991)
• Cornelius Hartz: *Excrucior* (2008)

Stilist mit fragwürdiger Biografie
Sallust

Name: **Gaius Sallustius Crispus**
Lebensdaten: **1. Oktober 86–13. Mai 35 oder 34 v. Chr.**
Literarische Gattung: **(Zeit-)Geschichtsschreibung**
Werke: **„Über die Verschwörung des Catilina"** *(De coniuratione Catilinae)*, **„Über den Krieg gegen Iugurtha"** *(De bello Iugurthino)*, **„Historien"** *(Historiae)*

Er war ein skrupelloser Politiker, der wegen Ausbeutung einer Provinz vor Gericht stand, den blutrünstigen Diktator Sulla glorifizierte und Caesar beim Sturz der Republik unterstützte. Und dennoch machte er sich durch seine Geschichtswerke unsterblich und gilt seither als einer der größten Stilisten der lateinischen Sprache: Sallust. Übrigens hätte man ihn (analog zur Eindeutschung vieler anderer römischer Namen) eigentlich auch „Crisp" nennen können.

Secundae res felicem, magnum faciunt adversae.
„Glück macht einen Menschen froh, Widrigkeiten machen ihn groß."

Wer war das?

Gaius Sallustius Crispus wurde im Jahre 86 v. Chr. in Amiternum geboren (in der Nähe des heutigen L'Aquila in den Abruzzen). Seine Familie war zwar reich und einflussreich, aber dennoch musste er Widerstände bekämpfen, als er nach Rom kam, um Karriere in der Politik zu machen: Er war kein Adliger und galt – wie z. B. Cicero – als *homo novus*, als Neureicher, als Seiteneinsteiger in die hohe Politik, die in Rom traditionell wenigen alteingesessenen adligen Familien vorbehalten war. Dennoch hatte Sallust sich schon sehr früh für Politik interessiert – und er hatte auch reichlich Grund dazu: Als er acht Jahre alt war, endete Sullas Diktatur, und es dauerte noch Jahre, bis sich die Republik wieder stabilisierte. Und als Sallust zwölf war, fand der Sklavenaufstand des Spartacus statt, der die Republik erneut erschütterte.

So war es beinahe folgerichtig, dass er sich Caesar anschloss, der für viele zur Lichtgestalt wurde und zum Gegenpol gegen die alten, von den adligen Familien dominierten Strukturen in der Politik. Im Jahre 54 v. Chr. wurde er als Quästor Senatsmitglied, zwei Jahre später Volkstribun – im selben Jahr, als der beim Volk beliebte Publius Clodius Pulcher, ein enger Freund Caesars, ermordet wurde. Nachdem Sallusts politische Gegner dafür gesorgt hatten, dass er wiederum zwei Jahre später aus dem Senat ausgeschlossen wurde, setzte der nach Rom zurückgekehrte Caesar ihn persönlich im Jahre 48 v. Chr. wieder als Quästor ein.

Nach dem Ende des Bürgerkriegs und Caesars Triumph wurde er zum Prätor ernannt und ging als Statthalter in die Provinz *Africa Nova*. Und hier benahm er sich wie so viele römische Statthalter: Er beutete die Einwohner seiner Provinz aus, um sich selbst zu bereichern. Wieder zurück in Rom wurde er deswegen sogar vor Gericht gezerrt, aber Caesar griff erneut ein und konnte abwenden, dass Sallust verurteilt wurde – höchstwahrscheinlich durch Bestechung. Sallust ließ sich u. a. eine prächtige Villa in Tibur (dem heutigen Tivoli) bauen und zog sich nach Caesars Ermordung aus der Politik zurück. Jetzt begann er zu schreiben.

„Der Nichtsnutz Sallust schrieb: ‚Unser Wille ist in Geist und Körper angesiedelt; die Seele benutzen wir zum Befehlen, den Körper eher zum Gehorchen.' Schön und gut, wenn er denn so gelebt hätte, wie er geschrieben hat. Denn er war ein Sklave niederster Triebe und hat seinen eigenen Ausspruch durch seine verdorbene Lebensführung selbst zerstört."

Kirchenschriftsteller Laktanz (um 300 n. Chr.)

Was schrieb er?

Von Sallust sind drei Werke überliefert. Das wichtigste heißt: „Über die Verschwörung des Catilina" (*De coniuratione Catilinae*). Hierin beschreibt er eines der einschneidenden Ereignisse der römischen Geschichte, eine Verschwörung, die den Staat ins Chaos gestürzt hätte – glaubt man Cicero, mit dessen Ermordung der Staatsstreich eingeleitet werden sollte. Bei Sallust sieht das Ganze ein wenig anders aus als in Ciceros „Catilinarischen Reden" (s. S. 36): Man meint, bei ihm eine objektivere Sicht der Dinge ausmachen zu können. Das wäre auch kaum erstaunlich, denn Sallust war ja nicht persönlich beteiligt, weder als Opfer noch als Täter; anders als Cicero, der ja auf der „Abschussliste" Catilinas stand. Sallust beschreibt z. B., wie Catilina sich erst im Umfeld des

Diktators Sulla zu dem Staatsfeind entwickelte, der er später war; und er wertet auch Catilinas geistige Fähigkeiten durchaus positiv – die aber später dann durch die Machtgier überdeckt wurden, die Sulla seinen Anhängern sozusagen „beigebracht" habe.

Dass Sallust objektiver berichtet und versucht, beide Positionen darzustellen, heißt aber nicht, dass seine Schrift nicht in anderer Hinsicht tendenziös ist: Sein Geschichtsbild ist äußerst dunkel, die alten Werte verschwinden und die Gesellschaft steuert immer mehr auf einen Abgrund zu. Das lässt sich sogar sprachlich festmachen: Sallust benutzt viele Schreibweisen, die im Lateinischen eigentlich seit langer Zeit überholt

Die Catilinarische Verschwörung

Catilina trat das erste Mal während der **Diktatur Sullas** auf der politischen Bühne in Erscheinung, während der **Proskriptionen**, bei denen 82 v. Chr. Tausende römischer Bürger, politische Feinde Sullas, auf offener Straße ermordet wurden. Er soll sogar Mitglieder seiner eigenen Familie ans Messer geliefert haben. Im Jahre 66 v. Chr. versuchte er das erste Mal, Konsul zu werden, doch musste er stattdessen vor Gericht: Man klagte ihn an, die in den Jahren zuvor von ihm verwaltete Provinz *Africa* ausgebeutet zu haben. Große Summen an **Bestechungsgeldern** flossen, und Catilina wurde freigesprochen. Kurze Zeit später unternahm er einen ersten Putschversuch, bei dem wohl beide Konsuln umgebracht werden sollten – Genaueres ist erstaunlicherweise nicht bekannt. Im Jahre 64 v. Chr. bewarb er sich erneut als Konsul. Doch obgleich Caesar ihn unterstützte, unterlag er in der Wahl **Cicero**. Im folgenden Jahr wiederholte sich das Spiel, und Catilina unterlag erneut den anderen Konsulatsbewerbern. Kurz darauf plante er abermals eine Verschwörung, die in die Geschichte eingehen sollte: Zunächst ließ er in mehreren Provinzen **Truppen** rekrutieren, die ihn später unterstützen sollten. Dann sollte ein **Attentat** auf den amtierenden Konsul Cicero durchgeführt werden; wenn dies geglückt wäre, wollte Catilina sich selbst zum Konsul erklären, für sich und seine Mitverschwörer eine **Schuldamnestie** verkünden und alle politischen Feinde umbringen lassen.

Die Verschwörung wurde durch das Betreiben Ciceros **aufgedeckt**, und am 7. November hielt dieser eine flammende Rede gegen Catilina im Senat – in dessen Beisein. Catilina floh beinahe sofort aus Rom, doch bald wurden immer mehr Namen seiner Komplizen bekannt. Cicero überzeugte den Senat, die Verschwörer, die sich noch in Rom aufhielten, hinrichten zu lassen. Catilina selbst wurde zwei Monate später noch in Italien gestellt und getötet.

Theodor Mommsen beschreibt Catilina in seiner berühmten „Römischen Geschichte" folgendermaßen: „Vor allem Catilina war einer der **frevelhaftesten** dieser frevelhaften Zeit. Seine Bubenstücke gehören in die Kriminalakten, nicht in die Geschichte; aber schon sein Äußeres, das bleiche Antlitz, der wilde Blick, der bald träge, bald hastige Gang verrieten seine unheimliche Vergangenheit. In hohem Grade besaß er die Eigenschaften, die von dem Führer einer solchen **Rotte** verlangt werden: die Fähigkeit, alles zu genießen und alles zu entbehren, Mut, militärisches Talent, Menschenkenntnis, Verbrecherenergie und jene **entsetzliche Pädagogik** des Lasters, die den Schwachen zu Falle zu bringen, den Gefallenen zum Verbrecher zu erziehen versteht."

Die Forschung ist heute immer noch nicht sicher, wie die Verschwörung einzuschätzen ist. Mittlerweile verbreitet sich immer mehr die Ansicht, Cicero habe die Absichten der Verschwörer maßlos **aufgebauscht**, um seine eigene Position zu stärken.

Die Verschwörung des Catilina im Jahre 63 v. Chr., über die Sallust in seinem gleichnamigen Werk
schreibt. Hier eine Radierung von Fortune de Fournier aus dem frühen 19. Jh. nach einem Gemälde
von Salvator Rosa von 1663. Berlin, Slg. Archiv für Kunst & Geschichte.

sind (z. B. schreibt er *maxumus* statt *maximus*). Er will dadurch an die
„gute alte Zeit" anknüpfen, die er sich zurückwünscht. So muss man auch
die vielen moralisierenden Passagen verstehen: Sallusts Werk ist ein einziger Hilferuf in einer (politischen) Welt, die dem Untergang geweiht ist.

In dieser fatalistischen Sicht auf die Dinge und in seinem Moralis-
mus ist er Cicero gar nicht so unähnlich – nur dass Sallust schon früh
der Überzeugung war, dass Caesar der vielversprechendere Kandidat
war, um die Republik positiv verändern zu können (was vielleicht auch
er schließlich als Trugschluss erkannt haben mag).

Das negative Geschichtsbild scheint aus einem weiteren Werk Sallusts hervor, auch wenn nur Fragmente erhalten sind: Die „Historien"
(*Historiae*) behandelten anscheinend die Ereignisse zwischen dem Tod
des Sulla und dem Aufstieg des Pompeius (also 78–67 v. Chr.). Stoff genug gab es auch in dieser kurzen Zeitspanne, um anzuprangern, wie der
Staat durch äußere Einflüsse geschwächt wurde, ohne angemessen zu
reagieren: u. a. den Sklavenaufstand unter Spartacus und die zunehmen-
de Gefahr auf See durch Piraten.

Das zweite vollständig überlieferte Werk Sallusts heißt „Über den Krieg gegen Iugurtha" (*De bello Iugurthino*). Natürlich ist der Name Programm: Es geht um den Krieg Iugurthas, damals König von Numidien in Afrika, gegen Rom Ende des 2. Jhs. v. Chr. Aber eigentlich geht es doch wieder nicht darum: Sallusts Thema sind die inneren Auseinandersetzungen in Rom zwischen Patriziern und Plebejern. Der Krieg gegen Iugurtha ist lediglich der Aufhänger, und Sallust leitet den Bürgerkrieg zwischen Sulla und Marius direkt aus den Ereignissen um Iugurtha ab. Hierbei schildert er sowohl den grausamen Diktator Sulla als auch dessen Gegenspieler Marius recht positiv – kann man dies nun wiederum eine objektive Darstellung zweier Positionen nennen? Am Ende seiner Beschreibung Sullas (s. S. 67) kommt Sallust immerhin ins Zweifeln, „ob ich mich dafür schämen oder es mich reuen soll, darzulegen, was er später tat". Gut, dass er diesen letzten Satz noch nachschiebt: Sulla wurde rund vierzig Jahre nach seiner blutigen Alleinherrschaft wohl nur noch von Wenigen als positive Figur der Zeitgeschichte gesehen.

„Über den Krieg gegen Iugurtha" entstand 40 v. Chr., ein Jahr nach „Über die Verschwörung des Catilina". Der Anspruch des Autors in beiden Werken, eine ausgleichende Position einzunehmen, hängt direkt mit seiner bewegten Biografie zusammen: Man wird Sallusts Werken nicht gerecht, wenn man allein den ehrgeizigen Politiker vor sich sieht, der (natürlich bildlich gesprochen) über Leichen ging. Er hatte in seinem aktiven politischen Leben die unruhigste Epoche der römischen Geschichte persönlich miterlebt und dabei genauso große Triumphe gefeiert wie Enttäuschungen erfahren. Es ist äußerst bezeichnend, dass er sich nach Caesars Ermordung ganz aus dem öffentlichen Leben zurückzog, und vielleicht hat er auch wirklich in manchen Punkten seine Einstellung geändert, so dass der oft gemachte Vorwurf, er habe das eine gepredigt und etwas anderes gelebt, für den älteren, zurückgezogen lebenden Sallust vielleicht gar nicht wirklich zutraf. Doch immerhin lebte er auch am Schluss noch in einer Villa, die er im Prinzip dadurch bezahlt hatte, dass er sich an der Bevölkerung einer afrikanischen Provinz bereichert hatte.

Wie ist das alles überliefert worden?

Dafür, dass man Sallust schon in der Antike in der Schule las und im Mittelalter als einen der zentralen römischen Autoren ansah (seine Kritik an den Zuständen in der römischen Gesellschaft spielte der Kirche später ja sozusagen in die Hände), ist er nicht so gut überliefert, wie man meinen könnte. Immerhin ist der Text, mit Ausnahme der „Historien", vollständig und in einigermaßen gutem Zustand. Von Letzteren haben

Alle Menschen, die sich bemühen, unter den übrigen Lebewesen hervorzustechen, müssen mit aller Kraft nach oben streben, damit sie ihr Leben nicht in aller Stille verbringen (wie das Vieh, das die Natur so gemacht hat, dass es vornübergebeugt dasteht und nur seinem Bauch gehorcht. Aber unser Wille ist in Geist und Körper angesiedelt; die Seele benutzen wir zum Befehlen, den Körper eher zum Gehorchen: die eine ist uns mit den Göttern gemein, der andere mit dem Vieh. Deshalb glaube ich, dass es besser ist, mittels der Macht des Geistes als der der Körperkraft nach Ruhm zu streben und danach, die Erinnerung an uns möglichst lang wachzuhalten (da ja das Leben, das wir genießen, kurz ist). Denn des Reichtums und der Schönheit Glanz ist flüchtig und zerbrechlich, die Tugend hat etwas Strahlendes, Ewiges.

[Sall., De coniur. Cat. 1]

*

Sulla stammte aus einem adeligen Patriziergeschlecht, aus einer Familie, die dank der Trägheit seiner Vorfahren schon beinahe ausgelöscht war. Er war in griechischer und lateinischer Literatur ausgebildet, von unbändigem Ehrgeiz geprägt, ganz wild auf Vergnügungen, aber noch mehr auf Ruhm. Seine Freizeit war kostspielig, aber trotzdem ließ er sich durch sie nie von seinen Pflichten abhalten. Allein seiner Frau gegenüber hätte er sich ein wenig ehrenhafter verhalten können. Er war beredt, klug, umgänglich; hatte Fantasie und war schwer zu durchschauen; war freigiebig, vor allem mit Geld. Und er war vor seinem Sieg im Bürgerkrieg ein glücklicher Mensch, dabei aber immer fleißig, und viele fragten sich, was überwog: sein Glück oder seine Tüchtigkeit. Ich bin mir selbst nicht ganz sicher, ob ich mich dafür schämen oder es mich reuen soll, darzulegen, was er später tat.

[Sall., De bel. Iug. 95]

nur Fragmente überlebt, als Zitate bei anderen Schriftstellern (so ein paar exzerpierte Reden), und auch hier kommt wieder einmal ein Palimpsest, eine wiederbeschriebene Handschrift, ins Spiel.

Was bleibt?

Die Ereignisse um die Catilina-Verschwörung sind als Stoff für historische Romane geradezu prädestiniert – insbesondere für historische Krimis. Hier ein paar Beispiele, die vom 19. Jh. bis hin zu zwei der weltweit populärsten aktuellen Historienroman-Autoren reichen:

- Henry William Herbert: *The Roman Traitor. A True Tale of the Republic* (1846)
- Edmund Friedemann: *Catilina* (1886)
- Paul Lewis Anderson: *Slave of Catiline (1930)*
- Karl Kreisler: *Catilina: Roman eines Verschwörers (1936)*
- Göran Hägg: *Catilinas sammansvärjning (1981)*
- Yves Guèna: *Catilina ou La gloire dérobée* (1984)
- John Maddox-Roberts: „SPQR II – Die Catilina-Verschwörung" (*The Catiline Conspiracy*, 1991)
- Steven Saylor: „Das Rätsel des Catilina" (*Catilina's Riddle*, 1993)

Kaisers Liebling

Vergil

Name: **Publius Vergilius Maro**
Lebensdaten: **15. Oktober 70–21. September 19 v. Chr.**
Literarische Gattung: **Epos, Lehrgedicht, Lyrik**
Werke: *Aeneis, „Eklogen" (Bucolica), Georgica* u. a.

Es heißt, Vergil habe einmal eine Stubenfliege beerdigen lassen – sein „liebstes Haustier". Es habe eine aufwendige Zeremonie in seiner Villa gegeben, viele berühmte Persönlichkeiten seien anwesend gewesen und vor dem Haus sei ein Grabmal errichtet worden. 800.000 Sesterzen soll die Veranstaltung gekostet haben. Der Hintergrund: Die Regierung plante, private Ländereien zu verstaatlichen und an Kriegsveteranen zu verteilen. Ausgenommen waren Grundstücke, auf denen Gräber angelegt waren ...

Ob diese Anekdote ein Stück Wahrheit enthält, ist schwer zu sagen, doch über das nötige Insiderwissen mag Vergil verfügt haben. Er war einer der Vertrauten Augustus' und wurde von ihm dazu ausersehen, das große Epos zu verfassen, das ihn, den Herrscher, für immer glorifizieren sollte.

Wer war das?

Publius Vergilius Maro wurde am 15. Oktober 70 v. Chr. in dem kleinen Ort Andes geboren (nahe dem heutigen Mantua in der Lombardei). Er ging zunächst in Cremona zur Schule, später dann in Mediolanum (dem heutigen Mailand) und kam zwischen 55 und 50 v. Chr. nach Rom. Etwa 38 v. Chr. erschienen seine ersten Gedichte. Sie führten dazu, dass der bekannte Autoren-Förderer Maecenas ihn in seinen illustren Kreis aufnahm (dem u. a. auch Horaz und Properz angehörten). Durch Maecenas wurde er auch mit Oktavian, dem späteren Augustus, bekannt.

Sein nächstes Werk erschien erst neun Jahre später, und die letzten zehn Jahre seines Lebens arbeitete er an seinem Hauptwerk: der *Aeneis*. Auf einer Reise nach Griechenland wollte er dem Epos den letzten Schliff geben. Dazu kam es nicht mehr: Auf der Schiffsreise zurück nach Rom wurde Vergil krank, und er starb kurz nach der Rückkehr nach Italien noch in der Hafenstadt Brundisium (dem heutigen Brindisi). Es heißt, er habe verfügt, dass das Manuskript der *Aeneis* verbrannt werde, da er es nicht mehr zu Ende habe überarbeiten können, aber Augustus persönlich sorgte dafür, dass es dennoch erschien.

E pluribus unum

Benjamin Franklin, Thomas Jefferson und John Adams wählten als Motto für den Zweiten Kontinentalen Kongress die lateinische Phrase *e pluribus unum* („Eines aus Vielen") – gemeint war: **eine Nation** aus vielen einzelnen Bundesstaaten. Später wurde dieses Motto in das Amtssiegel der USA aufgenommen, und es ist auch heute noch auf der Dollarnote zu finden.

Die Phrase stammt aus einem **Gedicht**, das in der *Appendix Vergiliana* enthalten ist. Es trägt den Titel *Moretum*, und einem der Staatsmänner war es aufgefallen, als es damals auf der Titelseite des *Gentleman's Magazine* zu lesen war. Das Thema des Gedichts? Das Rezept für eine **Käsepaste** aus Knoblauch, Sellerie, Weinraute, Koriander, Essig und Olivenöl ...

Was schrieb er?

Eklogen

Die heute meist als „Eklogen" (*Eclogae*) bekannten Gedichte hießen ursprünglich „Hirtengedichte" (*Bucolica*). Sie waren Vergils erstes größeres Werk und machten seinen späteren Gönner Maecenas auf ihn aufmerksam. Das Vorbild für die „Eklogen" (griech. *eklogai*: „ausgewählte Stücke") stammte einmal mehr aus Griechenland: Der Dichter Theokrit hatte 250 Jahre zuvor sogenannte „Idyllen" (*Eidyllia*) verfasst – Gedichte, in denen (grob gesagt) Schaf- oder Ziegenhirten in idyllischer Landschaft ihrer Tätigkeit nachgehen und dabei von der Liebsten träumen. Heute fasst man diese Art Dichtung unter dem Begriff „Bukolik" zusammen (griech. *boukolos*: „Hirte"). Dass auch Vergil seine Gedichte zunächst so genannt zu haben scheint, soll nicht darüber hinwegtäuschen, dass er etwas ganz Neues daraus kreierte: Nicht nur machen die zuvor eher manieriert wirkenden, holzschnittartigen Gefühlsduseleien echter Leidenschaft Platz; Vergil brachte auch neue Themen und Motive wie Politik und Zeitkritik in diese alte Gattung. Der Gegensatz Landleben/Stadtleben bekommt hier ganz neue Facetten, wenn der Hirte nicht mehr nur darüber klagt, dass seine Angebetete ihn nicht erhört, sondern auch einmal darüber, dass sein Landstrich von fremden Soldaten besetzt wird.

Die heute berühmteste ist wohl die 4. Ekloge. Hier verkündet Vergil die baldige Ankunft eines Kindes, das ein neues Zeitalter einläuten wird (s. S. 72). Dies war natürlich ein gefundenes Fressen für das frühe Christentum, das hier beim berühmten Vergil die vermeintliche Prophezeiung der Geburt des Heilands gefunden zu haben glaubte – und das 40 Jahre vor Christi Geburt!

Omnia vincit amor.
„Die Liebe besiegt alles."

Georgica

Diesen Titel (etwa: „Dinge, die mit der Landwirtschaft zu tun haben") trägt ein Lehrgedicht, das verschiedene Aspekte der Landwirtschaft behandelt. Ähnlich wie Lukrez („Über die Natur der Dinge") gelingt es Vergil, die von den Griechen überlieferte Form des Lehrgedichts in auch formal anspruchsvolle Dichtung zu verwandeln. Das Werk besteht aus vier Büchern, angeordnet nach bestimmten Einzelthemen: Ackerbau, Obstanbau, Viehzucht, Bienenzucht (Varros Prosa-Lehrschrift „Über den Ackerbau" bietet insgesamt freilich detailliertere Informationen). Auf Lukrez spielt Vergil an mehreren Stellen direkt an, aber dessen „nihilistische" Weltsicht teilt er nicht: Bei Vergil ist die Welt durchdrungen von göttlichen Kräften, die die Natur und das Geschick der Menschen lenken. Denn obwohl Vergil in seiner Jugendzeit bei einem Epikureer in die (philosophische) Lehre gegangen war, wurde die stoische Philosophie für ihn im Laufe seines Lebens immer wichtiger – sicher auch durch Berührung mit den Schriften Ciceros. Dies zeigte sich vor allem in seinem nächsten, größten Werk.

Aeneis

Vergils Hauptwerk und eines der wichtigsten, bekanntesten und einflussreichsten Werke in lateinischer Sprache: das ist die *Aeneis*, das Epos über den griechischen Troja-Helden Aeneas, den mythischen Gründer Roms. Im Jahre 31 v. Chr. feierte Oktavian seinen Sieg über Mark Anton und wurde de facto zum Alleinherrscher in Rom, und es scheint, als habe er Vergil explizit dazu aufgefordert, ein Epos zu verfassen, das ihn und seine Herrschaft verherrlichen sollte. So war die *Aeneis* von vorneherein als das römische Nationalepos angelegt, das sie werden sollte.

Über zehn Jahre schrieb er an diesem Werk, bis zu seinem Tod. Es ist, wie seit Homer (und im Lateinischen seit Ennius) für das Epos üblich, im Hexameter (s. S. 18) verfasst und umfasst fast 10.000 Verse in zwölf Büchern. Vergil erzählt darin die sieben Jahre dauernden Abenteuer des Aeneas; dessen Fahrt vom brennenden Troja u. a. über Kreta, Sizilien und

Ein Fantasieprodukt: die moderne Büste Vergils am „Grab des Vergil" in Neapel
(das natürlich genauso wenig das wirkliche Grab Vergils ist).

Wie das Orakel kündet, ist jetzt die Endzeit angebrochen.
Eine große Anzahl von Jahrhunderten beginnt nun von Neuem.
Jetzt kehrt die Jungfrau zurück und mit ihr die Herrschaft Saturns;
Jetzt kommt ein neuer Spross vom hohen Himmel herab.
Sei du gnädig dem neugeborenen Kind, mit dem das Eiserne
Zeitalter nun enden wird und eine goldene Zeit beginnen,
Oh keusche Göttin der Geburt. Bald regiert dein Apollon.
Mit dir, oh Konsul Pollio, beginnt der Glanz dieser Zeit,
Und schon beginnen Monate von großer Bedeutung;
Unter dir wird, so noch etwas von unserer Schuld uns belastet,
Wenn sie verschwunden ist, die Erde für immer von Ängsten befreit.
Er wird das Leben der Götter empfangen und sehen, wie Götter
Mit Helden sich vereinen, und man wird ihn selbst sehen, wie er den
Befriedeten Erdkreis mit der Macht seines Vaters regieren wird.

[Verg., Ecl. 4.4–17]

*

Dazwischen sah man weithin das Bild des goldenen
Meeres, das Blau schäumte auf mit weiß glänzenden Wellen,
Und im Kreis durchstreiften, silbern schimmernd, Delphine
Die Meeroberfläche, durchschnitten sie mit ihren Schwanzflossen.
Inmitten dessen eine Flotte aus Erz, man sah die Schlacht von Actium,
Du sahst das ganze Leukate wimmeln von Soldaten, gerüstet vom
Kriegsgott Mars, und die Fluten ganz golden erstrahlen.
Von hier aus führt Caesar Augustus die Italer in die Schlacht,
Zusammen mit Senat und Volk, Penaten und obersten Göttern,
Da steht er aufrecht am Heck, von seiner heiteren Stirn strahlt ein
Zweifaches Feuer und dort erscheint der Stern unserer Väter.
Anderswo führt dann der große Agrippa, Götter und Winde ihm günstig,
Sein Heer an, das oberste Zeichen des Krieges, die Krone
Des Seemanns mit Schiffsschnäbeln, schmückt ihm die Schläfen.
Hier führt gegen sie Mark Anton, mit Barbaren und den verschiedensten Waffen,
Er, der Sieger über das Volk der Aurora und den roten Strand,
Ganz Ägypten und die Armeen des Orients und die aus dem äußersten
Baktra mit sich, und ihm folgt – welch Frevel! – seine ägyptische Gattin.

[Verg., Aen. 8.671–688]

Karthago, wo sich die legendäre Königin Dido in ihn verliebt (und sich umbringt, nachdem er sie wieder verlassen muss), bis nach Italien, wo er den König der Rutuler besiegt und die Nachfahren seines Sohns Ascanius schließlich Rom gründen werden. Dabei tauchen immer wieder Verweise auf das zeitgenössische Rom auf, die die jüngste Geschichte und die Entwicklung der Stadt unter der Herrschaft des Augustus verherrlichen.

In der Komposition lehnt sich Vergil an Homer an, allerdings in umgekehrter Reihenfolge: Die Bücher 1–6 entsprechen in mancherlei

Hinsicht der „Odyssee", die Bücher 7–12 der „Ilias". Dabei sieht man im Vergleich mit Homer aber auch einen deutlichen Unterschied: Dessen Werke stehen, bei allen kompositorischen Raffinessen, deutlich in der Tradition der mündlichen Überlieferung; das sieht man vor allem an den immer wiederkehrenden gleichlautenden Halbversen, die als „Versatzstücke" dem auswendig Vortragenden die Arbeit leichter machten. Vergils Epos ist dagegen durch und durch verschriftlichte Kunst, es ist das erste große europäische ganz und gar literarische Epos. Seine Verse haben den Hexameter in der lateinischen Sprache zur Perfektion geführt, und nur Ovids „Metamorphosen" sind eine ernsthafte Konkurrenz, wenn es um das größte dichterische Werk der römischen Literatur geht.

Dennoch gibt es ganze 58 Verse in der *Aeneis*, die unvollständig sind und keine ganzen Hexameter bilden. Dies kommt aber ausnahmsweise nicht daher, dass sie im Mittelalter falsch abgeschrieben wurden, dafür war das Werk zu verbreitet. Vielmehr lagen sie (so viel ist sicher) bereits in der letzten Manuskriptfassung Vergils in dieser Form vor. Früher glaubte man, dies sei vom Dichter so gewollt gewesen, doch heute weiß man: Es sind diese Verse, an denen man sehen kann, dass Vergil vor seinem plötzlichen Tod nicht mehr letzte Hand an sein Meisterwerk anlegen konnte.

Appendix Vergiliana
„Vergil'scher Anhang" – so nennt man einige kleinere Werke (darunter zwei Kleinepen), die man lange Vergil zuschrieb, die aber, wie man heute weiß, größtenteils nicht von ihm stammen; sie wurden z. T. erst 100 Jahre nach ihm verfasst. Traditionsgemäß sind sie trotzdem Teil auch der modernen Vergil-Gesamtausgaben. Immerhin sind einige kürzere Gedichte in diesem „Anhang" nach neuestem Forschungsstand tatsächlich von Vergil – wohl seine Jugendwerke.

Wie ist das alles überliefert worden?

Bereits im 1. Jh. n. Chr. gehörte die *Aeneis* zur Pflichtlektüre im Schulunterricht. Antike, Spätantike, Mittelalter, Renaissance bis in die Neuzeit: Vergil wurde mehr gelesen als irgendein anderer römischer Schriftsteller. Dementsprechend groß ist die Zahl der Handschriften, die überlebt haben, und dementsprechend gut sind seine Werke überliefert. Wir besitzen acht Kodizes, die noch aus der Antike stammen, sowie eine ganze Reihe aus dem frühen bis Hochmittelalter, die nachweislich direkt auf antike Abschriften zurückgehen. Nicht wenig Anteil daran mag die Tatsache gehabt haben, dass man ihn eine Zeitlang (Dank der vierten „Ekloge", s. S. 70) für eine Art „proto-Christen" hielt und ihn so selbst die frommsten Klostervorsteher bedenkenlos abschreiben lassen konnten ...

Was bleibt?

Die Verehrung, die Vergil seit 2000 Jahren zuteil wird, trieb ihre wohl bekannteste Blüte in einem weiteren ganz zentralen Werk der Weltliteratur: Dante Alighieri wählte Vergil für den ersten Teil der „Göttlichen Komödie" als seinen Begleiter durch die Hölle und das Fegefeuer. Und im 20. Jh. machte der österreichische Schriftsteller Hermann Broch Vergil zum Protagonisten eines einflussreichen experimentellen Romans, der die letzten Stunden im Leben des Dichters beschreibt: *Der Tod des Vergil* (1945).

Sucht man nach dem Weiterleben der einzelnen Schriften, so war Vergils wichtigstes Werk natürlich auch das einflussreichste – für den gesamten Verlauf der westlichen Literaturgeschichte. Schon in den Jahrzehnten nach ihrem Erscheinen ist in fast allen epischen Dichtungen ein direkter Einfluss der *Aeneis* zu finden: in Ovids „Metamorphosen", Lucans *Pharsalia*, bei Statius, Valerius Flaccus über Silius Italicus' *Punica* bis hin zu Quintus Smyrnaeus' *Posthomerica* (4. Jh.).

Im Mittelalter zeugen zahlreiche Werke von genauer Kenntnis der *Aeneis*, wie die irische *Imtheachta Aeniasa* oder die isländische *Snorra-Edda*. Für das ausgehende Mittelalter ist z. B. Petrarcas *Africa* zu nennen, und auch Geoffrey Chaucer bezieht sich in seinem Gedicht „Das Haus der Fama" (*The House of Fame*, ca. 1380) auf Motive und Teile der Handlung der *Aeneis*, zum Teil in offen parodistischer Absicht.

In der Zeit der Renaissance zeigen sich v. a. viele italienische Dichter (wie Torquato Tasso) von Stil und kompositorischer Struktur der *Aeneis* beeinflusst. Und Pierre Mambruns neulateinische Großdichtung *Constantinus* (1658) zeigt ebenso wie Voltaires Religionskriegs-Epos „Henriade" (*La Henriade*, 1728), dass sich auch die Franzosen eingehend mit Vergils Epos beschäftigten.

Doch nicht nur in der Literatur finden wir Spuren der *Aeneis*. Neben zahlreichen Beispielen in der Bildenden Kunst (vor allem der Renaissance-Malerei) gibt es auch musikalische Umsetzungen. Hector Berlioz' Oper „Die Trojaner" (*Les Troyens [à Carthage]*, 1856/58) ist eine direkte Umsetzung für die Opernbühne. Berlioz konzentriert sich dabei gewissermaßen auf das (für ihn) Wesentliche: Er fasst die Erzählung der *Aeneis* in fünf Akten zusammen, indem er in den ersten zwei den Untergang Trojas zeigt, in den letzten drei Akten Aeneas' tragische Affäre mit der Königin der Karthager.

Und nicht zuletzt ist die britische Pop-Sängerin Florian O'Malley Armstrong zu erwähnen, die sich ihren Künstlernamen von eben dieser Königin geborgt hat: Dido.

Aquädukte, Tempel und ein nackter Mann

Vitruv

Name: (Marcus?) **Vitruvius (Pollio?)**
Lebensdaten: **ca. 70–ca. 10 v. Chr.**
Literarische Gattung: **Lehrbuch**
Werk: **„Über die Architektur" (De architectura)**

Ein Werk über Architektur in zehn Büchern: Das klingt zunächst alles andere als spannend. Doch wenn man bedenkt, was man heute mit dem alten Rom verbindet – Tempel, Amphitheater, Aquädukte, das Kolosseum –, so kommt man der Bedeutung dieses Autors und seines einzigen Werks schon ein wenig näher. In der Tat war „Über die Architektur" bereits zu Vitruvs Lebzeiten unglaublich einflussreich, und man geht davon aus, dass nicht zuletzt die römischen Kaiser es für die Konstruktion ihrer Staatsbauten als Handbuch verwendet haben.

Wer war das?

Natürlich war Vitruv selbst Architekt – und Bauingenieur (für die Antike ist das kaum zu trennen). Er stammte aus Kampanien. Zum ersten Mal tat er sich wohl im Bürgerkrieg 49–45 v. Chr. hervor, als er für Caesar (wie später auch für Augustus) Kriegsmaschinen konzipierte. Nach dieser militärischen Karriere entwarf er u. a. ein neues Röhrensystem für die Wasserversorgung in Rom, das bald zur Norm wurde – ein vielseitiger Mann! Augustus war es dann auch, der ihm im Alter ermöglichte, sein Werk über Architektur zu schreiben, indem er ihm eine Art Pension zahlte.

Was schrieb er?

Vitruv lieferte mit „Über die Architektur" (*De architectura*) in zehn Büchern die erste zusammenfassende Darstellung aller Aspekte der Tätigkeit des Architekten, vom Entwurf bis zur Inneneinrichtung. Es behandelt im Einzelnen: Ausbildung, Grundbegriffe der Architektur, Baumaterialien, Bau privater und öffentlicher Gebäude, Tempel- und Aquäduktbau, Zeitmessung und Astronomie sowie Baumaschinen. Ein modernes Lehrbuch über das Bauwesen könnte kaum anders aufgebaut sein (nun gut, der Aquädukt- und Tempelbau steht heute vielleicht eher hintan).

Ein Kennzeichen seiner theoretischen Erkenntnisse ist die strenge Anlage architektonischer Formen nach den Prinzipien von Symmetrie und Proportion. Der „goldene Schnitt" gehört ebenso dazu wie der berühmt gewordene Vergleich von idealen Tempelmaßen mit den Proportionen des menschlichen Körperbaus (s. u.).

Natürlich hat Vitruv sich all seine Theorien zur Architektur nicht einfach ausgedacht. Zahlreiche griechische Quellen sind in sein Werk eingeflossen, und auch bei Varro hat er sich bedient, dessen Wissenschafts-Enzyklopädie aber leider nicht erhalten ist (s. S. 31).

Ohne Symmetrie und Proportion hat man keine Anhaltspunkte, wie man einen Tempel entwerfen soll; d. h. es muss eine exakte Relation zwischen seinen einzelnen Gliedern geben, so wie es bei einem wohlgeformten Menschen der Fall ist. Denn der menschliche Körper ist so gestaltet, dass das Gesicht vom Kinn bis zum obersten Teil der Stirn bzw. zum Haaransatz 1/10 der gesamten Körpergröße misst; die Hand vom Handgelenk bis zur Spitze des Mittelfingers ebenso; der Kopf misst vom Kinn bis zum obersten Punkt des Kopfes 1/8, vom Hals und den Schultern aus bis zum Haaransatz 1/6, von der Mitte der Brust bis zum obersten Punkt des Kopfes 1/4. Beim Gesicht selbst misst die Strecke vom untersten Punkt des Kinns bis zu den Nasenlöchern 1/3 seiner Gesamtlänge, genauso lang ist die Nase von den Nasenlöchern bis zur Mitte der Augenbrauen. Von dort aus bis zum Haaransatz misst die Stirn ebenfalls 1/3. Der Fuß misst 1/6 der Körpergröße, der Unterarm 1/4, die Breite der Brust 1/4. Und auch die übrigen Körperteile weisen gleichmäßige Proportionen auf, wenn man sie ausmisst, und die alten Maler und Bildhauer haben sich rechtmäßige Lorbeeren verdient, indem sie auf diese Proportionen achteten.

Der zentrale Punkt des Körpers ist natürlich der Bauchnabel. Denn legt sich ein Mensch auf den Rücken und streckt Hände und Füße aus, dann werden seine Finger und Zehen einen ihn umgebenden Kreis berühren, der mit einem Zirkel um ihn gezogen wird, dessen Spitze im Bauchnabel steckt. Doch nicht nur ein Kreis umschließt den menschlichen Körper, sondern auch ein Quadrat: Wenn wir die Strecke von seinen Fußsohlen bis zur Spitze des Kopfes messen und dieses Maß dann auf die ausgetreckten Arme anwenden, so sehen wir, dass die Breite das gleiche Maß aufweist wie die Höhe, und das ist die Norm des Quadrats.

[Vitr. 3.1.1–3]

Wie ist das alles überliefert worden?

Zeitgenössisches über Vitruv ist kaum erhalten – man muss bedenken, dass er ein Lehrbuch schuf (wer der Herr Pschyrembel war, weiß heute auch kaum noch ein Medizinstudent). Immerhin war aber das Werk so verbreitet, dass heute noch ca. 80 Handschriften aus dem Mittelalter erhalten sind. Die eigentliche Bedeutung des Textes wurde, wie so vieles, erst in der Renaissance wiederentdeckt.

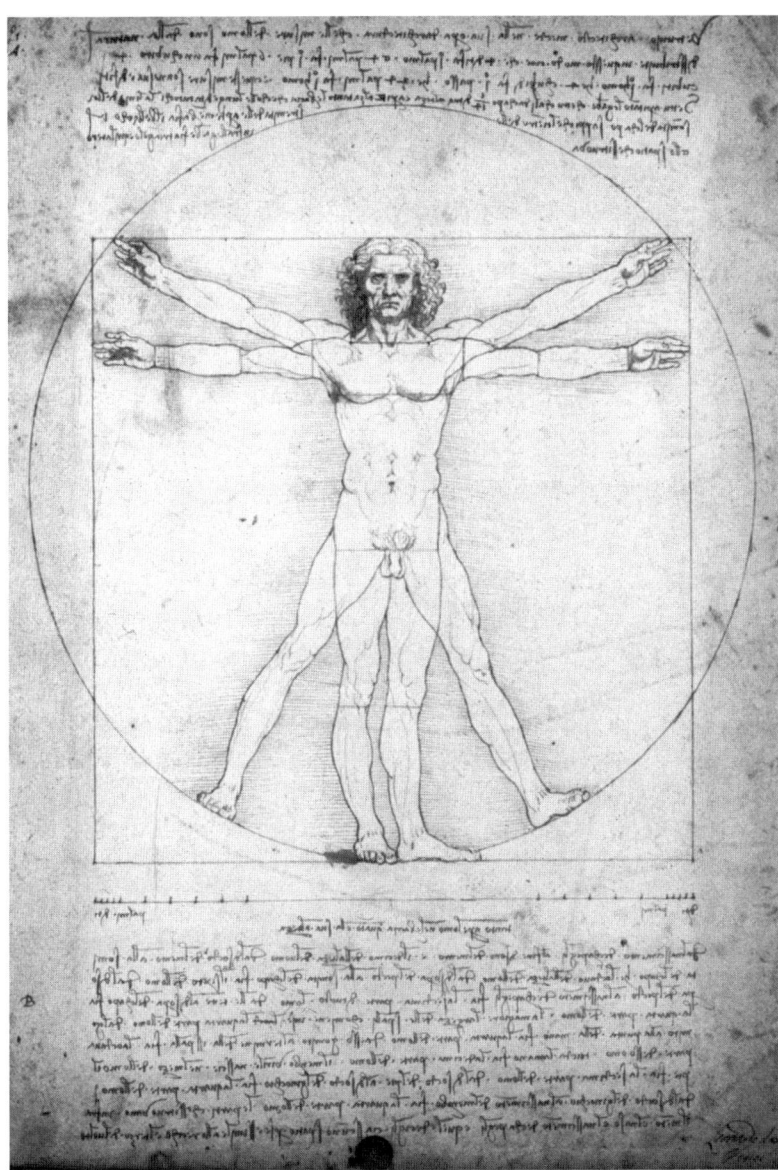

Leonardo da Vinci: Proportionsschema der menschlichen Gestalt nach Vitruv (sog. *homo Vitruvianus*), um 1490. Feder und Tinte mit leichter Aquarellierung auf Papier. Galleria dell'Accademia, Venedig.

„Alle cultivirte Nationen lesen den Vitruv, den Vater der schönen Baukunst."

August Rode

Auch die Rückseite der italienischen
1 Euro-Münze zeigt Leonardos *homo
Vitruvianus* – eine der heute noch
populärsten Zeichnungen der Welt.

Was bleibt?

Im ersten Kapitel von „Über die Architektur" schreibt Vitruv: „Architekten, die ohne geistige Arbeit allein ihre Hände bemühen, können nicht beweisen, dass sie Herr über ihre Formen sind; diejenigen aber, die sich nur auf ihre Theorie verlassen, erreichen nur den Schatten, nicht die Sache selbst." Allein der Architekt, der beides sei – Theoretiker wie Praktiker –, könne „mittels Autorität ausführen, was er sich vorgenommen hat". Als man Vitruvs Schriften in der Renaissancezeit wiederentdeckte, war dies eine bahnbrechende Erkenntnis; das mittelalterliche Zunftwesen hatte im Bauwesen stets eine strikte Trennung zwischen Entwurf und Ausführung eingehalten.

Der Humanist Poggio Bracciolini gab Ende des 15. Jhs. als Erster einen Druck von Vitruvs Werk in Auftrag, und fortan prägten die Erkenntnisse aus „Über die Architektur" die Entwicklung der modernen Architektur. Vitruvs Werk blickt uns heute durch alle Bauten an, die seit der Renaissance nach antiken Vorbildern entstanden sind. Und die auf Vitruv zurückgehende Säulenordnung (dorisch, ionisch, korinthisch) erfreut noch heute viele Schüler im Kunstunterricht.

In diesem Zusammenhang gehört auch die wohl populärste Zeichnung, die auf Vitruv zurückgeht. Es ist eines der beliebtesten Bildmotive moderner Grafik – und sie hat auf den ersten Blick gar nichts mit Architektur zu tun: Leonardo da Vincis Skizze mit dem (späteren) Titel „Der vitruvianische Mensch" (heute in der *Galleria dell' Accademia* in Venedig – und auf der italienischen 1-Euro-Münze). Hier beweist Leonardo Vitruvs These vom *„homo bene figuratus"*, dem „wohlgeformten Menschen" (s. S. 76), dessen Proportionen sich sowohl in ein Quadrat wie einen Kreis einpassen – mit dem Bauchnabel als Ansatzpunkt des Zirkels.

Oh Captain, mein Captain!

Horaz

Name: **Quintus Horatius Flacchus**
Lebensdaten: **8. Dezember 65–27. November 8 v. Chr.**
Literarische Gattung: **Lyrik**
Werke: **Satiren, Epoden, Oden, Briefgedichte**

„Carpe diem! Nutzet den Tag, Jungs! Macht etwas Außergewöhnliches aus eurem Leben!" *Carpe diem* – durch Peter Weirs
Film „Club der toten Dichter" (*Dead Poets Society*, 1989) steht
dieser Spruch wohl neben *veni vidi vici* und *alea iacta est* auch
heute noch mindestens auf Platz drei der bekanntesten lateinischen Zitate. Der, der diese zwei Worte durch seine Dichtung
unsterblich gemacht hat, ist Horaz, der (auch heute noch)
bekannteste und einflussreichste römische Lyriker.

„Vielleicht hat sich kein Dichter lieblicher und öfter als er
metempsychosirt."

Johann Gottfried von Herder

So ist es wahrlich jammerschade, dass der Lehrer Keating im „Club der
toten Dichter" nicht weiter auf den Urheber des *carpe diem* eingeht – für
ihn ist wichtiger, dass Robert Herrick, ein britische Dichter des 17. Jhs.,
diese Worte als Titel für ein eigenes Gedicht adaptiert hat. Nun, Keating
mag man verzeihen – schließlich ist er Englisch- und nicht Lateinlehrer.
Doch auch von Shakespeare und Byron bis Dylan Thomas – Horaz'
Einfluss auf unseren heutigen Begriff von dem, was Dichtung ist und zu
leisten vermag, ist immens.

Wer war das?

Über Quintus Horatius Flaccus wissen wir eine ganze Menge – einerseits durch ihn selbst, also aus seinen eigenen Schriften, andererseits
durch Sueton, der ihn in seinen Kaiserbiografien mehrfach erwähnt und
dies immerhin über 100 Jahre nach dem Tod des Dichters. Allein das
zeigt, wie berühmt und einflussreich er schon damals war.

Horaz stammte aus Venusia, einer kleinen Stadt in Lukanien, wo sein Vater es zu Ansehen und Geld gebracht hatte. Doch war sein Vater (dies ebenso exotisch wie Horaz' Geburtsort) kein freigeborener römischer Bürger, sondern ein freigelassener Sklave. Der Sohn wurde nach Rom geschickt, weil er dort eine bessere Ausbildung erhalten konnte, und er fand Platz in der Rhetorenschule des bekannten Grammatikers Orbilius. Eine Studienreise nach Athen rundete den klassischen römischen Ausbildungskanon ab.

Q. Horatius Flaccus Venusinus. 23

Seit der Wiederentdeckung der antiken Literatur in der Renaissance war man immer wieder bestrebt, die wieder populären Dichter auch abbilden zu können; der Fantasie der Künstler waren dabei kaum Grenzen gesetzt. Kupferstich von Johann Theodor de Bry (ca. 1600). Bibliothéque nationale, Paris.

Alme sol, possis nihil urbe Roma visere maius!
„Oh nährende Sonne, nichts kannst du erblicken, das groß-
artiger ist als die Stadt Rom!"

Wieder in Rom wurde Horaz mit 20 Jahren Militärtribun, im
Dienste von Brutus und Cassius, die zwei Jahre zuvor die Verschwörung
gegen Caesar angeführt hatten. Als diese beiden jedoch 42 v. Chr. ihre
schwere Niederlage gegen Mark Anton und Oktavian erlitten, war die
militärische Karriere wieder vorbei. Und zu allem Überfluss enteignete
man sogar noch den Vater.

Doch zeigt gerade dies, wie die Läufe der Geschichte mitunter das
Schlechteste zum Guten wenden: Denn Horaz musste sich Arbeit su-
chen, nahm schließlich einen Posten als Sekretär der Staatskasse an, und
in dieser Zeit werden wohl seine ersten Dichtungen entstanden sein.
Vier Jahre später wurde ein Mann auf ihn aufmerksam, der den
anderen großen, schillernden Namen der römischen Dichtung trägt:
Vergil. Und der machte ihn wiederum mit einem engen Vertrauten von
Augustus bekannt; mit jenem Mann, dessen Name in den modernen
Sprachen synonym für das geworden ist, was er für die Dichtung unter
Augustus wurde: Maecenas, der „Mäzen" u. a. von Vergil und Properz.
Er unterstützte von da ab auch Horaz finanziell und schenkte ihm sogar
eine Landvilla.
Auch Augustus zeigte sich von dem begabten Dichter begeistert
und bot ihm eine Stelle als Privatsekretär an – was Horaz allerdings ab-
lehnte. Mit Maecenas jedoch verband Horaz, wie es heißt, eine Freundschaft, die ihr ganzes Leben dauerte. Sie starben im selben Jahr und wurden nebeneinander auf dem römischen Hügel Esquilin begraben.
Von Caesar, Augustus, Nero oder Trajan haben wir zahlreiche Darstellungen (v. a. Büsten), die zumindest in etwa erkennen lassen, wie sie
ausgesehen haben (ein gehöriges Maß an Idealisierung muss man dabei
natürlich oft in Kauf nehmen). Über das Aussehen antiker Dichter ist
meist wenig bekannt. Anders im Falle von Horaz: Von Gestalt war er
„gedrungen und dick". So beschreibt er sich selbst in seinen Satiren, und
Sueton gibt einen angeblichen Brief von Augustus an Horaz wieder, in
dem dieser ihm schreibt: „Was dir an Größe fehlt, macht dein Körper-
umfang wieder wett. Schreibe also ruhig auf einem Krug, damit der Umfang deines Buches ebenso dick wird wie der deines Bauches."

Was schrieb er?

Exegi monumentum aere perennius – „Ich habe ein Monument errichtet, dauerhafter als Erz." Wer so von seiner eigenen Dichtung spricht, voll Überzeugung, auch in Tausenden Jahren noch gelesen zu werden, der ist wahrlich von sich eingenommen – oder er hat einfach Recht. Was wir von Horaz besitzen, ist ausnahmslos von höchster dichterischer Qualität. Es sind bis zur letzten Silbe ausgefeilte Verse, die das Kunstideal der Neoteriker um Catull widerspiegeln. Und sie sind voll Leben – voll Leid und Freude, Liebe und Spannung, Spott und Versöhnung, Seele und Blut. Und ähnlich wie Catulls sind Horaz' Themen nicht der Mythos oder die Historie, sondern sie stammen aus dem römischen Großstadtleben und der Gesellschaft, wobei er zum Teil überaus kritische Töne anschlug.

Horaz' Werk lässt sich in zwei Phasen teilen, die direkten Bezug zum Leben und der persönlichen Entwicklung des Dichters haben:
• Satiren (*Saturae/sermones*) und Epoden (*Iambi*) – ca. 42–30 v. Chr.
• Oden (*Carmina*) und Briefgedichte (*Epistulae*) – ca. 30–13 v. Chr.

Der Vers heiligt die Mittel ...

Einen Dichter dieses Ranges zeichnet ja u. a. eines aus: Auf ihn geht eine Reihe von heute noch geläufigen **Zitaten und Redewendungen** zurück, die man gar nicht mehr mit ihm in Verbindung bringt. Hier eine Auswahl der Redensarten, die auf Horaz zurückgehen:
• Der Zweck heiligt die Mittel.
• Frisch gewagt ist halb gewonnen.
• Süß und ehrenvoll ist es, fürs Vaterland zu sterben.
• Es kreißte der Berg und gebar eine winzige Maus.

Dazu ein paar seiner **Bilder und Metaphern**, die ins Deutsche eingegangen sind:
• die goldene Mitte
• die nackte Wahrheit
• das Nützliche mit dem Angenehmen verbinden

Einige seiner Ausdrücke kennt man sogar heute noch **auf Latein**:
• Carpe diem! („Nutze den Tag!")
• Sapere aude! („Wage es, verständig zu sein!")
• in medias res („mitten hinein in die Dinge")
... wie auch, last but not least:
• Nunc est bibendum! („Nun soll getrunken werden!")

Der Begriff „Satire" ist für das Altertum nicht ganz mit unserem modernen gleichzusetzen. Dennoch: In diesen Gedichten setzt sich Horaz kritisch-bissig mit seinen Mitmenschen und seiner Umwelt auseinander (wenn auch weniger persönlich und obszön als z. B. Catull in seinen Spottgedichten). Sprachlich sind sie eher schlicht gehalten, z. T. mit umgangssprachlichen Elementen versetzt. Sie sind weder anklagend noch verletzend und auch nicht politisch, sondern setzen sich mit einem Augenzwinkern vor allem mit den Schwächen und kleinen Fehlern der Menschen auseinander. Im weiteren Verlauf der römischen Literaturgeschichte beeinflussten Horaz' Satiren v. a. Juvenal und Persius: Vom Konzept her lehnten sie sich aber selbst bereits an ein römisches Vorbild an: den Satiriker Lucilius, der im Jahrhundert vor Horaz gelebt hatte.

Die „Epoden" hingegen waren etwas ganz Neues in der römischen Literatur: Sie waren dem griechischen Spottdichter Archilochos nachempfunden, dessen „Jamben" legendär waren (Horaz nannte die Epoden offenbar selbst „Jamben" – obwohl gar nicht alle im jambischen Versmaß geschrieben sind). Doch für Epoden und Satiren gilt: Horaz griff niemanden mit seinem richtigen Namen an. Wahrscheinlich konnte er sich das aufgrund seines Status als „frischgebackener Römer" und Sohn eines Ex-Sklaven schlichtweg nicht leisten.

Die letzten Bücher der Satiren und Epoden erschienen im Jahr 30 v. Chr., als Augustus (der damals noch Oktavian hieß) Antonius besiegte und seine Alleinherrschaft über Rom zementierte.

Die „Oden" waren schon um einiges zahmer. Doch sind es gerade diese Gedichte, die den wohl größten Einfluss auf die westliche Literatur hatten und haben. Horaz übernahm griechische Versmaße, hier aber auch welche aus der älteren griechischen Literatur, z. B. von der berühmten Dichterin Sappho. Die Themen der Oden waren äußerst vielfältig: Von milder politisch-gesellschaftlicher Kritik über Trinklieder bis zur Lebensphilosophie (dort auch das berühmte *carpe diem* aus Carm. 1.11, s. u.). Aber auch um die Liebe ging es hier – und doch ganz anders, als man es von den leidenschaftlichen Liebesschwüren seiner Zeitgenossen

---

„Wir lesen und schreiben Gedichte nicht nur so zum Spaß. Wir lesen und schreiben Gedichte, weil wir zur Spezies Mensch zählen, und die Spezies Mensch ist von Leidenschaft erfüllt. Und Medizin, Jura, Wirtschaft und Technik sind zwar durchaus edle Ziele und auch notwendig; aber Poesie, Schönheit, Romantik, Liebe sind die Freuden unseres Lebens."

Robin Williams in „Club der toten Dichter"

Properz und Tibull gewöhnt war: Bei Horaz herrschte eher der nüchtern-abgeklärte Blick dessen vor, der erkannt hat, dass das Liebesglück immer flüchtig ist (vgl. Carm. 1.5, s. u.).

Wie kommt es, Maecenas, dass niemand mit seinem ihm eigenen
Los, ob er es nun erhalten oder ob er's sich verschafft hat,
Zufrieden zu leben vermag, und den lobt, der andere Wege beschreitet?
„Oh glückliche Händler!", so ruft manch ein altgedienter Soldat,
Dem von vieler Mühe die Glieder schon lange zerbrochen.
Der Händler nun, dessen Schiff im Südwinde schaukelt, ruft aus:
„Der Kriegsdienst ist doch das Wahre. Oder etwa nicht? Man trifft
Im Kampf aufeinander, und in einer Stunde ist es entschieden – Tod oder Sieg!"
Den Bauern lobt der in juristischen Dingen Erfahrene,
Wenn vorm Schrei des Hahns ihn ein Klient aus dem Schlaf klopft;
Der Bauer aber, wenn ihn mal ein dringender Termin in die Stadt ruft,
Ruft aus, ja nur in der Stadt, da leben die glücklichen Menschen. […]
So könnt' ich weiter erzählen, durch alle Klassen, dass es selbst den geschwätzigen
Fabius bald ermüdete. Um dich nicht zu langweilen, höre,
Worauf ich hinaus will: Wenn nun ein Gott hierher käme
Und spräche: „Ich will's euch erfüllen. Du da, der jetzt noch Soldat,
Du bist jetzt ein Kaufmann, und du da, Anwalt, wirst Bauer!
Ihr geht jetzt alle und tauscht eure Rollen! Los jetzt,
Was steht ihr noch rum?" Sie würden's nicht wollen – und dürften
Glücklich doch werden! Darum, wäre es nicht nur rechtens,
Wenn Jupiter wütend mit aufgeblasenen Backen erklärte,
Dass er dieses Volkes Gebete nie wieder erhörte?

[Hor., Serm. 1.1.1–22]

*

Welcher hübsche Knabe bedrängt dich, der
Sich mit Rosenduft besprenkelt hat,
Dort, Pyrrha, in der angenehm schattigen Grotte?
Für wen flechtest du dein blondes Haar,
So einfach geschmückt? Ach, wie oft wird er deine Treue beweinen,
Die wankelmütigen Götter anrufen, sich wundern, dass
Ein schwarzer Wind die Wellen aufpeitscht,
Wie er es noch nie erlebt hat.
Der dich jetzt genießt, im Glauben, du bliebest immer so wie jetzt,
Immer so frei, immer so liebenswert,
Der nicht kennt den trügerischen
Wind. Oh diese Unglücklichen, für die du
Erstrahlst, ohne dass sie dich prüften! Die Wand dort,
Geweiht dem mächtigen Gott des Meeres, zeigt
Auf der heiligen Tafel, dass ich
Die feuchten Kleider aufgehängt habe.

[Hor., Carm. 1.5]

Frag nicht, oh Leukonoë, was mir und was dir
An Zeit von den Göttern vorherbestimmt! Frag nicht
Den Rat Babyloniens! Finde dich besser mit dem ab, was kommt!
Ob Jupiter dir viele Winter noch gibt oder nur diesen einen,
Der jetzt mit tosendem Sturm den Felsen im Meer der Thyrrener
Umspült: Sei klug und trink deinen Wein, die Sehnsucht
Verkürz auf erträgliches Maß. Noch während wir sprechen, verrinnt uns
Die Zeit. So nütze den Tag! Und denk nicht an Sorgen von Morgen.

[Hor., Carm. 1.11]

Die Briefgedichte oder „Episteln" schließlich sind so etwas wie das „Spätwerk" – ihr zweites Buch könnte vielleicht das letzte gewesen sein, das Horaz veröffentlichte. Sie haben kein Vorbild, auch kein griechisches; und das ist in der römischen Literatur etwas ganz Seltenes. In diesen Kunstbriefen gibt sich Horaz schließlich als weiser, lebenserfahrener Mann, der seine Weisheit weitergeben will. Sie sind voll von Ratschlägen und Hinweisen, wie man sein persönliches Glück finden kann und soll. Und einer ragt hier ganz besonders heraus: eine ausführliche Betrachtung über Regeln und Grundsätze des Verfassens von Literatur, die später oft separat herausgegeben und als „Dichtkunst" (*Ars poetica*)

„Carpe diem!" als Motto der Hausbesetzer: Graffito am ehemals besetzten Kießling-haus an der Leipziger Straße in Frankfurt/Oder.

betitelt wurde. Sie war wohl weniger als konkretes Lehrwerk gemeint, und doch war auch diese Schrift äußerst einflussreich: Bis in die Neuzeit hat man sie immer wieder herangezogen, um Literatur zu untersuchen und ihren Wert zu bestimmen.

Wie ist das alles überliefert worden?

Horaz' Werk gehört zu den besterhaltenen Schriften aus dem alten Rom. Bereits Ende des 1. Jhs. n. Chr. entstand die erste (natürlich verlorene) philologisch kommentierte Horaz-Gesamtausgabe, und von einer Ausgabe aus dem 2. Jh. sind sogar Teile überliefert. Der heutige Stand der Überlieferung des Horaztextes selbst geht auf zwei antike Ausgaben zurück, die nicht viel später entstanden sind.

Horaz wurde durch die Spätantike und das Mittelalter hindurch gelesen und immer wieder abgeschrieben – so oft wie kaum ein zweiter römischer Dichter. Schon bald nach seinem Tod wurde er Schulautor, seine Werke standen in den bedeutendsten Bibliotheken, und auch sonst las man ihn gern und ahmte ihn auch immer wieder nach.

Was bleibt?

Um auf den „Club der toten Dichter" zurückzukommen: Die Leistung Robert Herricks soll hier nicht geschmälert werden. Sein *Carpe Diem* (1648) ist ein wunderbares Gedicht und vermag durchaus etwas von Horaz einzufangen:

Carpe Diem (To virgins to make much of time)

Gather ye rosebuds while ye may
   Old Time is still a-flying
And this same flower that smiles today
   Tomorrow will be dying.
The glorious lamp of heaven, the sun,
   The higher he's a-getting
The sooner will his race be run
   And nearer he's to setting.
That age is best, which is the first,
   When youth and blood are warmer
But being spent, the worse and worst
   Times, still succeed the former.
Then be not coy but use your time
   And while ye may, go marry
For having lost but once your prime,
   You may for ever tarry.

Seit der Antike hat Horaz einen ungeheuren Einfluss auf die gesamte europäische Dichtung ausgeübt. Seine Einfluss-Sphäre reicht von den Intellektuellen am Hof Karls des Großen über die französischen Klassiker des 16. und 17. Jhs. bis hin zu Hölderlin und Klopstock. Dabei hat es auch immer wieder Dichter gegeben, die versucht haben, Horaz direkt nachzuahmen oder zu übertragen (wie z. B. Alexander Puschkin). Allzu oft schleicht sich bei Horaz-Übersetzungen allerdings ein Ton ein, der dem ursprünglich eher Leicht-Spielerischen vieler Gedichte wenig gerecht wird. Anders ist dies bei Christian Morgensterns weniger persiflierend-veralbernden als vielmehr ironisch-zeitgemäßen Übertragungen von Horaz-Gedichten im *Horatius Travestitus* (1897). Die ursprüngliche Widmung an Maecenas in Ode 1.1 beginnt bei Morgenstern folgendermaßen:

> Hoher Protektor und Freund, Edler von Gönnersheim,
> was doch alles der Mensch auf seiner Erde treibt!
> Dieser fegt auf dem Rad über die Rennbahn, und
> platzt der Gummischlauch nicht, geht er zuerst durchs Ziel.
> Welcher Tag für den Mann, wenn ihm das Comité
> die Medaille verleiht, Meisterschaft zuerkennt!
> Jenen wieder erfreut's, wenn ihn der Wähler Schar
> an das berühmte Büfett unseres Reichstags schickt. [...]

Und hier noch zum Abschluss in Gänze Morgensterns Version des *carpe diem*-Gedichts, Ode 1.11 (vgl. S. 85):

> Laß das Fragen doch sein! Sorg dich doch nicht
>   über den Tag hinaus!
> Martha! geh nicht mehr hin, bitte, zu der
>   dummen Zigeunerin!
> Nimm dein Los, wie es fällt! Lieber Gott, ob
>   dies Jahr das letzte ist,
> das beisammen uns sieht, oder ob wir
>   alt wie Methusalem
> werden: sieh's doch nur ein: das, lieber Schatz,
>   steht nicht in unsrer Macht.
> Amüsier dich, und laß Wein und Konfekt
>   schmecken dir wie bisher!
> Seufzen macht mich nervös. Nun aber Schluß!
>   All das ist Zeitverlust!
> Küssen Sie mich, *m'amie*! Heute ist heut!
>   *Aprés nous le deluge!*

Geschichte in 142 Bänden

Livius

Name: **Titus Livius**
Lebensdaten: **ca. 64/59 v. Chr.–ca. 12/17 n. Chr.**
Literarische Gattung: **Geschichtsschreibung**
Werk: **„Seit Gründung der Stadt" (Ab urbe condita)**

Ein wahres Mammutwerk sollte es werden, das Geschichtswerk des Titus Livius. Und auch wenn er es nicht mehr vollenden konnte, so ist die Anzahl von 142 Büchern römische Geschichte doch mehr als beeindruckend. Etwas Besonderes war aber nicht allein der Umfang des Werks: Livius ist der einzige überlieferte römische Geschichtsschreiber, der nie ein politisches Amt bekleidete und sozusagen ganz „fachfremd" an die Sache heranging.

Wer war das?

Das Wenige, was wir über Titus Livius' Leben wissen, entstammt der Chronik des Hieronymus, der 400 Jahre nach Livius lebte – und ist demnach mit Vorsicht zu genießen. Daher schon die widersprüchlichen Angaben über Livius' Lebensdaten: Er sei „im gleichen Jahr geboren wie Messalla Corvinus" – bei den Daten des Letzteren hat Hieronymus sich allerdings nachweislich geirrt … Sicher ist zumindest, dass Livius aus Patavium stammte (dem heutigen Padua), aus einer wahrscheinlich einflussreichen, zumindest wohlhabenden Familie – vor allem seine Verbindungen zum Haus des Augustus und dem des späteren Kaisers Claudius legen dies nahe.

Wohl im Alter von etwa 28 Jahren ging er nach Rom, wahrscheinlich also nach dem Bürgerkrieg. Dort erhielt er Zugang zum literarischen Zirkel um den berühmten Gönner Maecenas und mag sich so zumindest mit Vergil angefreundet und mit Augustus bekannt gemacht haben. Im Zuge dieser neuen Bekanntschaften begann er schließlich mit der Schriftstellerei, auch wenn er wohl nicht permanent in Rom wohnte, sondern immer wieder zwischen Rom und Patavium pendelte.

Sein großes und einziges Werk behandelte die römische Geschichte und das in einer Detailgenauigkeit, die nie wieder erreicht wurde: von der Gründung der Stadt bis zur Gegenwart des Autors – zumindest wird

Livius dies vorgehabt haben, auch wenn er es wahrscheinlich nicht mehr ganz geschafft hat. Ganz programmatisch nannte sich das Werk „Seit Gründung der Stadt" (*Ab urbe condita*) – so zählte man in Rom die Jahre: ab der (mythischen) Gründung der Stadt im Jahre 753 v. Chr. (wenngleich die populärere „Zeitrechnung" ein Jahr mit den Namen der zwei amtsinhabenden Konsuln bezeichnete (s. S. 31).

Fama nihil est celerius.
„Nichts ist schneller als ein Gerücht."

Was schrieb er?

„Seit Gründung der Stadt" (*Ab urbe condita*) war allein in seinem Umfang ein ganz erstaunliches Unterfangen. Die Arbeit daran begann Livius wohl kurz nach der Schlacht von Actium (31 v. Chr.), die Bücher 1–5 veröffentlichte er etwa 27/25 v. Chr. Insgesamt hat er über 40 Jahre an diesem Werk geschrieben – viele Leser der letzten Bände werden beim Erscheinen der ersten noch gar nicht auf der Welt gewesen sein.

Heute gliedert man die Bücher nach „Dekaden" oder „Pentaden", also Gruppen von je zehn oder fünf, und so lassen sie sich auch thematisch gruppieren. Buch 1–10 erzählt die Gründung Roms und die Stadtgeschichte bis 293 v. Chr., Buch 11–20 bzw. 21–30 den Ersten bzw. Zweiten Punischen Krieg etc. Die Bücher 91–120 behandeln die Zeit vom Aufstieg Caesars bis zum Tod Ciceros (43 v. Chr.) und die Bücher 121–146 die Zeitgeschichte bis (fast) zur Gegenwart (in Buch 142 wird Drusus' Tod 9 v. Chr. geschildert). Man sieht: Je näher Livius seiner eigenen Gegenwart kommt, desto ausführlicher wird er. Dies ist auch kaum verwunderlich, bedenkt man, dass sich die antike Geschichtsschreibung nicht so sehr auf das Studium historischer Quellen stützte, sondern vor allem Hörensagen wiedergab. Und Livius, der ja selbst kein Politiker war, tut dies mit Vorliebe. Er „borgt" bei so ziemlich allen Historikern, z. B. beim Griechen Polybios, aber auch bei Caesar, Sallust, Varro und Cato. Nun: Je ferner das Erzählte liegt, desto weniger „verlässliche" Erzähler wird man haben, die einem davon berichten können. Immerhin, wenn Livius in seinem „Quellenstudium" auf verschiedene Versionen eines Geschichtsverlaufs trifft, so verschweigt er dies nicht, sondern stellt oft beides dar, manchmal äußert er auch, welche Version er für wahrscheinlicher hält. Dass er dabei seine Quelle nicht angibt („man erzählt ..."), entspricht der Konvention. Allerdings haben sich durch Archäologie und Geschichtswissenschaft viele Details, die Livius darstellt, auch aus der älteren römischen Geschichte, mittlerweile als (zumindest im Kern) zutreffend erwiesen.

Zuallererst einmal steht einigermaßen fest, dass die Griechen nach der Einnahme Trojas ihren Zorn gegen alle Trojaner gerichtet haben außer gegen zwei, nämlich Aeneas und Antenor; wegen des alten Gastrechts und weil diese beiden immer darauf gedrängt hatten, Frieden zu schließen und Helena dem Menelaos zurückzugeben.

Danach soll Verschiedenes passiert sein, unter anderem soll Antenor mit einer Gruppe von Henetern (die, aus Paphlagonien vertrieben aufgrund eines Zerwürfnisses, ein neues Zuhause und einen neuen Anführer suchten, weil ihr König Pylaimenis in Troja gefallen war) zum innersten Meerbusen der Adria gekommen sein. Sie vertrieben, so heißt es, die Euganeer, die dort zwischen Meer und den Alpen wohnten, und fortan hätten die Heneter und Trojaner dies Land besiedelt. Und der Ort, wo sie gelandet sind, heißt „Troja", den Landstrich nennt man den „trojanischen", und die Menschen dort nennt man heute „Veneter".

Aeneas brach als Flüchtiger von derselben Niederlage auf, aber unter Vorzeichen, die ihm eine bedeutendere Zukunft verhießen. Er kam auf der Suche nach einer neuen Heimat zunächst nach Makedonien, dann nach Sizilien, von da aus, so heißt es, habe er mit einer ganzen Flotte die Küste von Laurens angesteuert. Heute noch nennt man die Stadt dort „Troja".

Als die Trojaner dort auf den Feldern Beute machen wollten (sie hatten ja nach der schier endlosen Irrfahrt nichts mehr außer ihren Waffen und Schiffen), da eilten der dortige König Latinus und die Aboriginer aus Stadt und Land bewaffnet herbei, um sich der Gewalt der Neuankömmlinge entgegenzustellen.

Von hier an gibt es zwei Versionen, wie die Geschichte weiterging: Die einen sagen, Latinus sei besiegt worden und habe dann zuerst Frieden und schließlich sogar ein Verwandtschaftsbündnis mit Aeneas geschlossen. Die anderen berichten, als die Schlachtreihen bereits festgelegt gewesen seien, sei Latinus vorgetreten zwischen die vordersten Kämpfer, noch ehe das Startsignal gegeben wurde, und er habe verlangt, mit dem Anführer der Neuankömmlinge zu sprechen. Dann habe er gefragt, was für Menschen sie seien, woher sie kämen und aus welchem Grund sie ihr Zuhause verlassen hätten und nach Laurens gekommen seien. Und nachdem er vernommen habe, dass sie aus Troja kämen, ihr Anführer Aeneas sei, der Sohn von Anchises und Venus, dass sie von zu Hause geflohen seien, weil ihre Stadt niedergebrannt worden sei und sie eine neue Heimat suchten und einen Ort, wo sie eine Stadt gründen könnten, da habe Latinus ihm, voller Bewunderung für Aeneas' und seiner Männer edle Herkunft und seinen Sinn, der ebenso zugleich auf Krieg wie auf Frieden sann, die rechte Hand gereicht und ein Bündnis der künftigen Freundschaft mit ihm geschlossen.

[Livius 1.1–8]

Was Livius' Werk vor allem auszeichnet, ist seine kritiklose Darstellung und teilweise auch Verherrlichung Roms und seiner Geschichte (was ihn z. B. von Tacitus deutlich unterscheidet). Das passte gut ins neu angebrochene augusteische Zeitalter und hat ihm sicher bei Augustus noch mehr Wohlwollen eingebracht. Zudem sorgte es dafür, dass seine Bücher sofort ein großer Publikumserfolg wurden. Wie bekannt und berühmt Livius war, zeigt eine Anekdote, von der Petrarca in einem Brief berichtet. Demnach reiste einmal ein Livius-Fan aus dem spanischen Gades (damals eine halbe Weltreise) eigens nach Rom, nur um sein Idol zu sehen – und reiste gleich wieder ab, nachdem er ihn erblickt hatte. Livius sah sich offenbar selbst ganz gern als VIP; so zitiert ihn Plinius d. Ä.: „Dieser äußerst berühmte Schriftsteller beginnt eines seiner Bücher, die die römische Geschichte ab Beginn darstellen, folgendermaßen: ,Ich habe schon genug des Ruhmes gefunden und hätte mich zur Ruhe setzen können, wenn mein unruhiger Geist nicht danach dürstete.'"

Leider bedeutete dieser große Ruhm auch, dass viele der älteren Geschichtsschreiber, gerade die heute unbekannteren Annalisten (bei denen Livius sich wahrscheinlich ebenfalls bediente), schließlich nicht mehr gelesen wurden und aus den Bücherregalen römischer Buchläden verschwanden. Sie sind bis heute nicht mehr aufgetaucht.

Wie ist das alles überliefert worden?

Erhalten ist leider nur knapp ein Viertel des gesamten Werks: die Bücher 1–10 und 21–45. Dass man überhaupt weiß, was in den anderen Büchern stand, ist den sog. *Periochae* zu verdanken, knappen Inhaltsangaben (von den Büchern 41–45 und 120 sind zudem zumindest noch ein paar Fragmente erhalten). Livius gehört zu den Autoren, die man im Mittelalter fast komplett vergaß und die erst in der Renaissance wiederentdeckt wurden.

Philosophisch-rhetorische Schriften soll Livius neben seiner Geschichtsschriftstellerei übrigens auch noch veröffentlicht haben – davon ist freilich überhaupt nichts überliefert.

Was bleibt?

Niccolò Machiavelli: „Abhandlungen über die ersten zehn Bücher des Titus Livius" (*Discorsi sopra la prima deca di Tito Livio*, 1531):

Dies ist das Hauptwerk des berühmt-berüchtigten italienischen Staatstheoretikers. In modernen deutschen Ausgaben heißt es meist nur *Discorsi* mit beliebigem Untertitel (z. B. „Discorsi – Staat und Politik", Frankfurt [3]2006). Auch wenn sein Buch „Der Fürst" (*Il principe*) seit Langem populärer ist: In den *Discorsi* entwickelt Macchiavelli eine politische Theorie direkt aus den ersten zehn Büchern von Livius (also aus der römischen Frühgeschichte), die einem vielleicht gemäßigter erscheint, aber auf jeden Fall besser entwickelt ist als die doch eher reißerisch erscheinenden Postulate aus *Il principe*.

Schmachtend vor der Tür der Angebeteten

Properz und Tibull

Namen: **Sextus Propertius/Albius Tibullus**
Lebensdaten: **ca. 50–ca.10 v. Chr. (?)/ca. 55–19 v. Chr.**
Literarische Gattung: **Lyrik**
Werke: **Elegien**

„Im ersten Jh. v. Chr. kam in Rom allmählich eine neue Mode auf – sie betraf, wie man über die Liebe, über das Verlieben, über das Liebemachen dachte." So schreibt W. R. Johnson in einem neuen Buch über Properz. Diese neue „Mode" schlug sich auch literarisch nieder. Man stelle sich vor: In einer strikt patriarchalisch-phallokratischen Gesellschaft mit Sexualnormen, nach denen alles aktive Verhalten dem Mann zukommt und alles passive der Frau – in solch einem Umfeld schreiben zwei Dichter darüber, wie sie unglücklich verliebt auf der Türschwelle ihrer Angebeteten sitzen und um Einlass flehen ... der ihnen aber nicht gewährt wird. Properz und Tibull waren die Protagonisten dieser Art Dichtung, tonangebend für eine ganze lyrische Gattung: die subjektive Liebeselegie.

Wer war das?

Es ist wie so oft: Weder über Sextus Propertius noch über Albius Tibullus ist viel bekannt. Früher versuchte man, aus beider Gedichten (ebenso wie z. B. im Falle von Catull) eine Art Biografie zu konstruieren, doch ist man heute weitgehend davon abgekommen. Dass das „lyrische Ich" (sozusagen der „Sprecher") eines Gedichtes mit der Person des Dichters gleichzusetzen ist, kann man auch für die antike Literatur nicht einfach voraussetzen.

Was man einigermaßen sicher sagen kann, ist, dass beide Dichter dem Ritterstand angehörten, aber auf die politische Laufbahn verzichteten, die für junge Männer ihres Standes eigentlich obligatorisch war. Stattdessen dichteten sie. Beide wurden von vermögenden und einflussreichen Gönnern unterstützt: Properz von Maecenas (wie Horaz und Vergil), Tibull von Messalla (wie Ovid). Beide sind wohl ziemlich jung gestorben und haben entsprechend früh ihre Gedichtbücher veröffentlicht.

Dante Gabriel Rossetti: Tibulls Rückkehr zu Delia, Aquarell, 1868. Rossetti stammte aus einer britisch-italienischen Familie und war neben seiner Tätigkeit als Maler zu Lebzeiten auch ein recht bekannter Dichter. Kunsthandel London.

Was schrieben sie?

Properz und Tibull schrieben beide subjektive Liebeselegien. Das tat auch Ovid, und auch ein Catull-Gedicht könnte man so bezeichnen, aber das Besondere bei Properz und Tibull ist: Sie schrieben nichts anderes. Es ist nichts Weiteres von ihnen erhalten, und es gibt auch keine Hinweise darauf, dass sie irgendwelche andere Dichtung verfasst hätten.

Beide veröffentlichten ihre ersten Bücher mit Elegien fast zur selben Zeit, etwa 27/26 v. Chr. Beide schreiben an jeweils eine bestimmte Frau, eine Freigelassene (also weder Sklavin noch „ehrbare" freie römische Frau, die man freilich dann auch wohl hätte heiraten können und auch *müssen*), die zudem wohl eine Hetäre ist: eine Art römische Edel-Prostituierte. Properz nennt seine Geliebte „Cynthia", Tibull die seine „Delia". Das sind griechische Pseudonyme, wie es bei Hetären (ein in der griechischen Kultur verwurzelter Berufsstand) üblich war. Und beide Namen lehnen sich an Apollon, den Gott der Dichtkunst, an: Auf der Insel Delos befand sich das zentrale griechische Apollon-Heiligtum, und Kynthos ist ein Berg auf Delos – die mythische Geburtsstätte des Gottes.

Die Elegie

Wenn man heute das Wort „elegisch" verwendet, so verbindet man damit meist etwas **Traurig-Melancholisches** mit großem Pathos. Diese Definition rührt in der Tat von den Werken der römischen Elegiker her; dabei gab es auch in Griechenland bereits elegische Gedichte, doch hatten die **alles Mögliche** zum Thema und auch ihr Ton war nicht einheitlich. Aus Griechenland stammt auch das Versmaß der Elegie, das (eben nach ihr benannte) **„elegische Distichon"**: Das sind jeweils ein Hexameter (sechs Daktylen, s. S. 18) und ein Pentameter (fünf Daktylen) im Wechsel. Von Friedrich Schiller stammt ein berühmter Merkvers, der das Schema auf Deutsch illustriert:

> Im Hexameter steigt des Springquells flüssige Säule,
> Im Pentameter drauf fällt sie melodisch herab.

Auch Epigramme (s. S. 138) sind im elegischen Distichon geschrieben – was sie von der Elegie formal unterscheidet, ist vor allem die **Länge**: Epigramme sind meist nur zwei bis acht Verse lang, die Elegien deutlich länger. Manche Zusammenhänge und Gefühlswelten scheinen einfach mehr Platz zu benötigen.

Dafür, dass diese Geliebten von ihren zwei Dichtern so „göttliche" Namen erhalten haben, benehmen sie sich reichlich kratzbürstig: Ein Motiv ist das sogenannte „Paraklausithyron", das „vor-der-verschlossenen-Tür"-Motiv – der leidende Verliebte sitzt vor der Haustür der Angebeteten, die freilich für ihn verschlossen ist (s. S. 95 o.). Die Geliebte wird *domina*, „Herrin", genannt (dabei ist sie ja eine ehemalige Sklavin!), es ist die Rede vom „Kriegsdienst" (*militia*) oder der „Knechtschaft der Liebe" (*servitium amoris*). Die Verbindung wird zum Paradox, wenn der verliebte Dichter den unsteten Lebenswandel seiner Angebeteten beklagt, der ihm ja eigentlich erst den Umgang mit ihr ermöglicht.

Überhaupt kommt auch die Liebe selbst nicht wirklich gut weg bei Properz und Tibull: Venus führt Mann und Frau zusammen, doch spielt sie fortwährend ihr Spiel mit beiden und lässt sie nicht zur Ruhe kommen. Eifersucht, Liebeskummer, Sehnsucht – dies sind alles Auswüchse der Liebe. Tibull wird an einer Stelle allzu deutlich: „Böser Amor! Ich wünschte, ich könnte einmal deine Pfeile, womöglich / Auch noch den Bogen zerbrochen sehen, deine Fackeln erloschen! / Du folterst mich ..."

Natürlich gibt es auch Unterschiede zwischen beiden: Die vielen mythischen Motive, die Properz in seine Gedichte einbaut (s. S. 95 u.), sind bei Tibull weniger zu finden – dafür hat er eine Vorliebe fürs Ländliche und träumt davon, wie einfach alles sein könnte, wenn er mit Delia aus der Stadt fliehen könnte und sie ruhig und zufrieden auf dem Land leben könnten. Kaum mehr erwähnenswert, dass Delia das ganz anders sieht und den Großstadttrubel vorzieht.

Schenk dir noch nach vom unvermischten Wein und zähm die Leidenschaft,
   Damit der Schlaf die verzauberten Augen des Müden befalle,
Damit niemand ihn, der vom Bacchus ordentlich bedient wurde,
   Aufweckt, bis sich die unglückliche Liebe beruhigt.
Denn meinem Mädchen ist zum Schutz eine strenge Wache beigestellt,
   Und die Haustür wird von einem schweren Riegel verschlossen.
Du, Haustür eines griesgrämigen Hausherrn, dich soll der Regen peitschen,
   Blitze sollen dich treffen, von Jupiter eigens geschickt.
Haustür, ich bitte dich, öffne dich nur für mich, durch mein Flehen erweicht,
   Mach kein Geräusch, wenn ich dich heimlich um deine Türangel drehe.
Und wenn ich dich in meinem Wahn beschimpft haben sollte,
   Ignorier's – die Flüche nehme ich auf mein eigenes Haupt.
Erinnere dich lieber an das, was ich mit flehender Stimme gesprochen,
   Als ich deinen Türpfosten mit Blumenkränzen schmückte.
Auch du, meine Delia, täusche nur mutig die Wachen.
   Wir müssen es wagen: Venus ist mit den Tüchtigen!

[Tib. 1.2.1–16]

*

Ich dachte schon, ich sei frei und dürfte mit leerem Bett nun leben,
   Hatte meinen Frieden gemacht, doch Amor hat mich getäuscht.
Warum läuft auf der Erde auch solch eine Frau frei herum?
   Nun verzeih ich sogar Jupiter seine Affären.
Braun ist ihr Haar, schlank ihre Hände, perfekt ist ihr Körper,
   Ihr Gang elegant, als sei sie Jupiters Schwester
Oder wie der der Pallas Athene am Altar von Munychia,
   Das Schlangenhaupt der Gorgo als Bild auf der Brust.
Sie ist wie Ischomache, die Heldin aus dem Geschlecht der Lapithen,
   Die die von Wein trunkenen Zentauren einst raubten;
Genauso lag wohl nah den böbeischen Fluten an Merkurs
   Flanke geschmiegt Brimo, die schöne Jungfrau.
Glaubt es wohl, Göttinnen, die euch einstmals der Hirte
   Auf dem Ida sah, wie ihr die Kleider ablegtet!
Oh, wenn doch niemals das Alter dies Gesicht würde verändern,
   Sollte es auch so alt werden, Seherin aus Cumae, wie deins.

[Prop. 2.2]

Diese Dichtung verletzt zu allen Zeiten geltende römische Normen. Es muss für einen freien römischen Bürger geradezu unerhört gewesen sein, sich als Sklave einer Herrin zu stilisieren. Diese Liebesbeziehungen selbst waren auch etwas ziemlich Neues, war es doch immer noch die gesellschaftliche Regel (gerade in der Oberschicht), dass Ehen aus politischem oder wirtschaftlichem Kalkül eingegangen wurden, der Sex (natürlich mit der Ehefrau) der Fortpflanzung zu dienen hatte. Zwar war es nicht verpönt, ins Bordell zu gehen; sogar der konservative Cicero musste dies zugeben. („Wenn einer meint, dass er der Jugend den Verkehr mit Prostituierten verbieten kann … dann widerspricht er damit nicht nur unseren momentanen Sitten, sondern auch den Bräuchen unserer Vorfahren.") Doch eine Liebesbeziehung in einseitiger emotionaler Abhängigkeit von einer Hetäre war dann doch etwas ganz anderes.

Daneben gibt es bei Tibull noch eine weitere erstaunliche Besonderheit: Obwohl Tibull durch seinen Mäzen zum Dunstkreis des Augustus gehörte, erwähnt er die Taten des Herrschers in keinem einzigen Gedicht! Im Gegenteil: Der Krieg ist bei Tibull ausschließlich etwas Schreckliches, das seinem persönlichen Streben nach Glück, Ruhe und Zufriedenheit diametral entgegensteht. Das ist bei Vergil oder Ovid ganz anders – und auch bei Properz, der sich an einem Punkt in seinem zweiten Elegien-Buch enttäuscht von der Liebe ab- und dem Kriegsgeschehen zuwendet: „Nun ist es aber an der Zeit, die im Kampf so tapferen Reiter zu preisen und die römischen Heerlager meines Führers!"

Wie ist das alles überliefert worden?

Properz und Tibull teilen das Schicksal, dass sie im Mittelalter kaum noch gelesen wurden. Sicher hat das auch mit den Themen dieser Dichter zu tun: Man kann sich schon vorstellen, dass diejenigen Mönche, die Latein konnten, entweder selbst Vorbehalte hatten oder sich rechtfertigen mussten, wenn es darum ging, vielleicht zwischen Morgenandacht und Mittagsgebet heiße Liebesschwüre zu kopieren.

Bei Properz und Tibull geht (wiederum wie bei Catull) die Überlieferung auf je ein einziges antikes Exemplar zurück, die dann ab der Zeit Karls des Großen wenigstens hin und wieder abgeschrieben wurden.

Was bleibt?

Goethes „Römische Elegien" (1795) sind das wohl bekannteste Werk, das die römischen Liebeselegien wieder aufgegriffen hat. Es hieß ursprünglich „Erotica Romana", und Goethe übernimmt nicht nur das Versmaß von Properz und Tibull:

> Saget, Steine, mir an, o sprecht, ihr hohen Paläste!
> Straßen, redet ein Wort! Genius, regst du dich nicht?
> Ja, es ist alles beseelt in deinen heiligen Mauern,
> Ewige Roma; nur mir schweiget noch alles so still.
> O wer flüstert mir zu, an welchem Fenster erblick ich
> Einst das holde Geschöpf, das mich versengend erquickt?

Ahn ich die Wege noch nicht, durch die ich immer und immer
Zu ihr und von ihr zu gehn, opfre die köstliche Zeit?
Noch betracht ich Kirch und Palast, Ruinen und Säulen,
Wie ein bedächtiger Mann schicklich die Reise benutzt.
Doch bald ist es vorbei: dann wird ein einziger Tempel
Amors Tempel nur sein, der den Geweihten empfängt.
Eine Welt zwar bist du, o Rom; doch ohne die Liebe
Wäre die Welt nicht die Welt, wäre denn Rom auch nicht Rom.

Daneben finden sich Elegien bei Schiller, Klopstock, Hölderlin oder Droste-Hülshoff. Rainer Maria Rilke schrieb Anfang der 1920er Jahre den Zyklus „Duineser Elegien". Und auch in Bertolt Brechts „Buckower Elegien" und Robert Gernhardts „Montaieser Elegien" (eine Anspielung auf Rilke) – obgleich formal wesentlich freier – blitzt hier und da in der Stimmung etwas von der augusteischen Elegie auf.

Das Feuer, das in mir brennt …

Sulpicia

Name: **Sulpicia**
Lebensdaten: **Ende 1. Jh. v. Chr.**
Literarische Gattung: **Lyrik**
Werke: **Elegien**

Sulpicia ist der einzige weibliche Name, der unter all den hier vertretenen Autoren auftaucht. Sie war aber nicht die einzige Dichterin im alten Rom. Wir wissen von einigen anderen, doch hat von keiner anderen römischen Poetin auch nur ein einziges vollständiges Gedicht das Licht der Neuzeit erblickt. Man muss nun nicht gleich sämtliche Überlieferungsinstanzen des Mittelalters als frauenfeindlich abstempeln, aber dennoch ist bemerkenswert, dass die sechs Gedichte der Sulpicia vor allem deshalb überlebt haben, weil man sie jahrhundertelang für die eines Mannes hielt – und das, obwohl sie sich ganz offensichtlich an einen männlichen Liebhaber namens Cerinthus richten.

Wer war das?

Sulpicia war die Tochter eines Jugendfreundes von Cicero und die Nichte des Valerius Messalla, des Mäzens von Tibull und Ovid. Das ist auch schon alles, was sich mit Sicherheit über ihr Leben sagen lässt. Der Name ihres Liebhabers Cerinthus ist sicherlich, wie damals üblich, ein Pseudonym (vgl. Catulls „Lesbia", Tibulls „Delia" oder Properz' „Cynthia"). Er könnte natürlich ebenso gut überhaupt eine fiktive literarische Gestalt sein. Hin und wieder ist dieser Cerinthus auch mit einem Freund von Tibull gleichgesetzt worden, einem gewissen Cornutus, der wiederum zweimal in Tibulls Gedichten auftaucht (Tibull 2.2 und 3).

Was schrieb sie?

Sulpicias Gedichte sind im elegischen Versmaß verfasst (s. S. 94), jedoch eher als Elegien denn als Epigramme anzusehen, auch wenn sie nur vier bis zehn Verse lang sind. Ihr Stil ist z. T. als „jungmädchenhaft" beschrieben worden. Immerhin: Aus ihren Gedichten sprechen viel Gefühl und

Selbstbewusstsein. Sulpicia offenbart sehr Intimes: Liebe, Eifersucht, Verletztheit, sexuelles Begehren. Und da fühlt man sich, bei dieser unmittelbaren Offenheit, das eine oder andere Mal doch stärker an Catull erinnert denn an „Jungmädchenverse".

> Mein ungebetener Geburtstag ist da, den ich auf dem öden Land
> Und ohne Cerinthus verbringen muss – schrecklich!
> Was gibt es Schöneres als die Stadt? Sind denn eine Landvilla
> Und ein kalter Fluss im Argentinerland der richtige Ort für ein Mädchen?
> Oh, mein eifriger Onkel Messalla, jetzt gib einmal Ruhe;
> Es ist nicht immer die rechte Zeit zu reisen.
> Ich werde, als Entführte, Herz und Sinne hier lassen,
> Zusammen mit meinem Willen, den du mir nicht lässt.
>
> [Sulpicia 2 = Tib. 3.14]

*

> Niemals mehr will ich, oh Liebster, dass du dich so um mich sorgst,
> Wie du es doch wohl noch vor Tagen getan hast,
> Falls ich (ach, ich dummes Mädchen) seit meiner Jugend etwas getan hab,
> Das mich (ich gesteh's) mehr gereut hätte, als
> Dass ich dich gestern Nacht ganz allein ließ
> Und ich das Feuer, das in mir brennt, verleugnete.
>
> [Sulpicia 6 = Tib. 3.18]

Wie ist das alles überliefert worden?

Wie bereits angedeutet, hielt man Sulpicias Gedichte lange Zeit für die eines Mannes: die Frühwerke des Tibull nämlich. Sie werden auch heute noch in modernen Tibull-Ausgaben als Teil seines Werkes herausgegeben (Tibull 3,13–18) – aus Gründen der Tradition natürlich. Teilweise hat man sie übrigens auch als Schöpfungen des Messalina (des Sohns des Mäzens Messalla) oder des Ovid angesehen.

Was aber hier besonders interessant ist: In den fünf Gedichten, die den Sulpicia-Gedichten vorausgehen (Tibull 3,8–12), geht es ebenfalls um Sulpicias Liebe zu Cerinthus. Stilistisch unterscheiden sich diese Gedichte jedoch von denen der Sulpicia: Sie sind wesentlich konventioneller geformt.

Bedeutet dies, dass alle Cerinthus-Gedichte vom selben Verfasser stammen, der eine Geschichte aus verschiedenen Blickwinkeln erzählt? Stammen die vorangehenden Gedichte also ebenfalls von Sulpicia? Schreibt Sulpicia über verschiedene Liebhaber (bei ihr fällt der Name Cerinthus nur in zwei Gedichten)? Oder ist dies alles letzten Endes ein Hinweis darauf, dass es … Sulpicia gar nicht gab?

Genie mit tragischem Ende

Ovid

Name: **Publius Ovidius Naso**
Lebensdaten: **20. März 43 v. Chr.–ca. 17 n. Chr.**
Literarische Gattung: **Epos, Lehrgedicht, Elegie**
Werke: **Metamorphosen *(Metamorphoseis)*,
Liebeskunst *(Ars amatoria)* u.a.**

Man sieht bereits an den Lebensdaten dieses Dichters, dass hier irgend etwas nicht stimmt: Dass das Geburtsdatum auf den Tag genau bekannt ist, ist bei Persönlichkeiten der Antike selten genug – es kommt eigentlich nur bei den allerbekanntesten VIPs vor. Aber dass von derselben Person nicht genau bekannt ist, wann sie starb, noch nicht einmal genau, in welchem Jahr? Das sieht sehr nach bewegter Biografie aus ...

Wer war das?

Publius Ovidius Naso ist zweifellos einer der bedeutendsten und vielleicht der berühmteste römische Dichter. Schon zu Lebzeiten war er bekannt und einflussreich, und dementsprechend ist erfreulich viel über seine Biografie bekannt – einiges, was man über sein Leben weiß, stammt auch aus seinen eigenen Schriften. Es verlief ziemlich geradlinig, bis zu einem gewissen Punkt, bei dem sich heute noch die Forscher streiten, was eigentlich vorgefallen ist.

Aber zunächst zum Anfang: Ovid wurde in Sulmo (dem heutigen Sulmona in den Abruzzen) geboren, seine Familie gehörte dem Ritterstand an. Zur Ausbildung ging er, wie üblich, nach Rom, um eine Rhetorenschule zu besuchen, und danach auf eine zweijährige Studienreise nach Athen und Kleinasien. Offenbar dichtete er bereits zu dieser Zeit, vielleicht sogar schon zu seiner Schulzeit. Wieder zurück in Rom drängte ihn sein Vater, die Politikerlaufbahn einzuschlagen, aber er bemühte sich nicht sonderlich und brach sie auch ziemlich bald ab, um fortan nur noch zu dichten. Wie Tibull und Sulpicia wurde er in den Freundeskreis des Messalla aufgenommen, der ihn finanziell förderte und durch den er in den näheren Dunstkreis Kaiser Augustus' kam.

Seine erste Ehe wurde wiederum von seinem Vater eingefädelt, doch sie hielt nicht lang. Er ließ sich scheiden, ebenso wie von seiner

> „Mir scheint, er war ein guter Kerl, vielleicht zu sehr in die
> Frauen vernarrt, aber gütig, großzügig und neidlos."
>
> *Thomas B. Macaulay*

zweiten Frau – und das, noch bevor er 30 Jahre alt war. Erst seine dritte
Ehe hielt; er zeugte eine Tochter und diese schenkte ihm noch zu Lebzeiten zwei Enkel, was damals wahrlich nicht an der Tagesordnung war.

Im Herbst des Jahres 8 n. Chr. fiel etwas vor, das alles verändern sollte. Ovid war gerade auf der Insel Elba, als ihn eine Nachricht Kaiser Augustus' erreichte: Er sei mit sofortiger Wirkung aus Rom verbannt, nach Tomis
(dem heutigen Constanţa in Rumänien) am Schwarzen Meer – dem wahrlich hinterletzten unzivilisierten Winkel des Römischen Reiches.

Das Besondere dabei: Es gab offenbar keinen Prozess, keinen Ge-
richtsbeschluss, keine Senatsanhörung – Augustus verfügte es und so
musste es geschehen. Auch in Tomis dichtete Ovid noch weiter, hier entstanden die „Klagelieder" und die „Briefe vom Schwarzen Meer", die er
nach Rom schickte, wo sie auch veröffentlicht wurden. Ovid schickte
Gnadengesuch um Gnadengesuch an Augustus und auch noch an dessen Nachfolger Tiberius – sie blieben ohne Wirkung. Warum Ovid aber
verbannt wurde, liegt im Dunkel der Geschichte (s. S. 102). Etwa im
Jahre 17 n. Chr. starb Ovid in Tomis.

Was schrieb er?

Das wichtigste frühe Werk, mit dem Ovid auch bekannt wurde, waren die
„Liebesgedichte" (*Amores*), 50 Gedichte im elegischen Versmaß (s. S. 94),

Naso in der Verbannung

In seinem postmodernen Roman Die letzte Welt *(1988) beschreibt Christoph Ransmayr die Suche
des Römers Cotta nach dem verbannten Ovid in Tomi am Schwarzen Meer. Hier spielt er auf Ovids
„Briefe aus der Verbannung" an:*

Gewiß, auch aus der eisernen Stadt kamen Briefe nach Rom. Zerknittert, gefleckt von den
Händen der Überbringer, der Feuchtigkeit einer Jahreszeit, von Tränen oder der Gischt, erreichten
Nasos Gesuche nach monatelangen Postwegen endlich die Metropole, um hier irgendwo in den
Gängen und Saalfluchten, die zu den Gemächern des Imperators führten, für immer zu verschwinden; im Dämmerlicht dieser Gänge galt der Fall des Dichters Publius Ovidius Naso längst
als erledigt, zu den Akten gelegt, gelöst, und es schien, als sei am Schicksal dieses Verbannten
nur noch erneut zu beweisen, daß jeder Untertan Roms die Aufmerksamkeit des Imperators, des
mächtigsten und unerreichbarsten Mannes der Welt, nur ein einziges Mal herausfordern durfte
und selbst der größte Dichter seines Reiches keine zweite Chance bekam.

carmen et error – Warum wurde Ovid verbannt?

Warum Augustus den populären Dichter ins Exil schickte, ist immer noch unklar. Ovid selbst spielt nur in drei Stellen seines Werkes auf den **Grund seiner Verbannung** an. In den „Klageliedern" schreibt er, *carmen et error* – „ein Gedicht und ein Fehltritt" – seien es gewesen, die das Staatsoberhaupt erzürnt hätten. Und in den „Briefen vom Schwarzen Meer" schreibt er, dieser „Fehltritt" sei **„schlimmer als Mord"** gewesen. Diese Hinweise sind in den vergangenen Jahrhunderten in jede mögliche Richtung interpretiert worden; hier die gängigsten Vermutungen:

- Das „Gedicht" ist die „Liebeskunst" – für Augustus zu schlüpfrig und **zu freizügig**, vor allem, wenn man Augustus' Bestrebungen bedenkt, die „guten alten Sitten" in Rom wieder einzuführen (dazu gehörte u. a., dass er Ehebruch unter Strafe stellen ließ).
- Trifft dies zu, könnte Ovid mit dem „Gedicht" auch die „Liebesgedichte" gemeint haben – das ist aber eher **unwahrscheinlich**, denn die waren zum Zeitpunkt der Verbannung schon über 25 Jahre auf dem Markt.
- Der „Fehltritt" hat direkt etwas mit Augustus' Familie zu tun: Ovid hatte eine Affäre mit Augustus' Tochter Julia oder seiner Enkelin Vipsania Julia. Hierzu passt, dass Augustus seine Enkelin ebenfalls verbannte.
- Der „Fehltritt" kann auch eine **Verschwörung** gegen den Kaiser gewesen sein: Zur gleichen Zeit verbannte Augustus nämlich auch seinen Enkel, Agrippa Postumus, und außerdem ließ er den Ehemann seiner Enkelin, Lucius Aemilius Paullus, hinrichten – der Vorwurf: Verschwörung gegen den Staat.

Vielleicht kamen auch mehrere Faktoren zusammen, und durch die Affäre und/oder die aufgedeckte Verschwörung hatte Augustus endlich einen Grund, den Dichter, dessen Verse ihm ohnehin (vielleicht auch schon sehr lange) ein **Dorn im Auge** waren, aus dem Verkehr zu ziehen. Immerhin kann man ziemlich sicher sagen, dass es ein sehr persönlicher Grund gewesen sein muss, der Augustus dazu trieb, Ovid aus Rom zu entfernen – zumal unter Nichtbeachtung des eigentlichen Rechtsweges. Aber was der Grund nun letztendlich war, ist heute nicht mehr zu ermitteln.

je um die 50–100 Verse lang, bei denen fast durchgehend der Titel Programm ist: Es geht um die Liebe. Wie bei Catull, Properz und Tibull sind diese Gedichte Ovids einer Frau mit Pseudonym gewidmet: Corinna.

Das „Heldinnen" (*Heroides*) betitelte Werk besteht aus 15 Kunstbriefen mythischer (oder legendärer) Frauen (darunter Medea, Hermione, Odysseus' Frau Penelope und die Dichterin Sappho) an ihre Männer oder Geliebten – sowie fünf „Antwortschreiben", denen der Brief des Mannes vorausgeht.

Die „Liebeskunst" (*Ars amatoria* oder *Ars amandi*), erschienen etwa im Jahre 1, ist ein Lehrgedicht. Anders als die klassische Lehrdichtung (vgl. Lukrez) ist es aber nicht in Hexametern, sondern im elegischen Distichon verfasst, dem Versmaß, das sich zu seiner Zeit bereits als Standard für die Liebesdichtung eingebürgert hatte. Das passt natürlich zum ungewöhnlichen Thema: Der Dichter lehrt den Leser, wie und wo er z. B. Mädchen kennenlernt, wie man sie für sich gewinnt und wie die Liebe bestehen und spannend bleibt. Auch wenn Ovid durchaus explizit wird, so benutzt er (anders als z. B. Catull) nie obszöne Ausdrücke, sondern erweist sich als Meister der Umschreibung. Dabei wirken manche Bekenntnisse erstaunlich modern: Im zweiten Buch der „Liebekunst" bekennt er sich z. B. dazu, dass ihm auch der Orgasmus der Partnerin wichtig ist: *Odi concubitus, qui non utrumque resolvunt. / Hoc est, cur pueri tangar amore minus.* („Ich hasse Sex, bei dem nicht beide Entspannung finden. / Deshalb bin ich auch weniger der Knabenliebe zugeneigt.")

Ein wahrhaft klassisches Fettnäpfchen ...

Im 13. Jh. leitete König Jakob I. von Aragón einmal eine **Diskussion mit mehreren Bischöfen** mit einem lateinischen Zitat ein: *„Non minor est virtus, quam quaerere, parta tueri!"* („Nicht geringer ist die Kunst, Eroberungen zu behaupten, als sie zu erringen.") Der König war überzeugt, das Zitat stamme aus der **Bibel** – dabei steht der Vers in Wirklichkeit in Ovids pikanter **„Liebeskunst"**.

Sozusagen als eigene Antwort auf die überaus erfolgreiche „Liebeskunst" kann man den Nachfolger ansehen, das Gedicht „Heilmittel gegen die Liebe" (*Remedia amoris*).

Seine technische Vielseitigkeit stellte Ovid mit der Tragödie *Medea* unter Beweis, die leider fast vollständig verloren ist.

Die „Feiertage" (*Fasti*) sind ebenfalls ein Lehrgedicht: Ovid erläutert darin den römischen Festkalender (der wahrlich umfangreich war), geht auf die Ursprünge der einzelnen Feiertage ein, auf die Etymologie ihrer Namen und auf die Bräuche, die mit ihnen verbunden sind, und wie man diese feiert. Das Werk wurde leider nicht fertig: Bevor er es vollenden konnte, wurde Ovid verbannt, und ohne in den Bibliotheken Roms recherchieren zu können, war es ihm nicht möglich, es fertigzustellen. Ovid kam im Kalender nur von Januar bis Juni.

Im Exil in Tomis verfasste Ovid noch ein paar weitere Werke: ein leider verlorenes Loblied auf Augustus (erstaunlicherweise nicht auf Latein, sondern in der Sprache der dortigen Bevölkerung) sowie die „Klagelieder" (*Tristia*) – düstere Gedichte, die auch einen autobiografischen Teil enthalten – und die „Briefe vom Schwarzen Meer" (*Epistulae ex Ponto*). Wie bereits erwähnt, halfen ihm seine Bitten um Gnade und die Schilderung des unwirtlichen, unzivilisierten Lebens an der Schwarzmeerküste aber nicht, seine Verbannung aufheben zu lassen.

Sic ego nec sine te nec tecum vivere possum.
„So kann ich nicht ohne dich leben und auch nicht mit dir."

P. Ovidii Nasonis

METAMORPHOSEON

LIBER I.

 N nova fert animus mutatas di-
cere formas
Corpora. Dii, cœptis (nam Vos
mutaftis & illas)
Adfpirate meis: primaque abo-
rigine mundi
Ad mea perpetuum deducite
tempora carmen.

INTERPRETATIO.

Mens mea cupit cantare formas verfas in nova corpora. Dii (nam vos quoque convertiftis illas) favete meis aufis, & deducite poema continuum a primo exordio orbis ad meam ætatem.

NOTÆ.

1 *In Nova.*] Omnium Poëtarum laudatiffimo more hic nofter fcite, & breviter, totius operis fui proponit argumentum.
1b. *Formas mutatas*] Hypallage ad fcopum aptiffima, pro *corpora mutata in novas formas*; confulto & eleganter a Poëta factum judicat Ger. Voffius; ut qui de corporum converfione effet dicturus, a verborum converfione aufpicaretur.
2 *Nam Vos.*] Conjunctio *&* vim habet Emphaticam, quæ prorfus perit, fi altera Interpretatio admittatur. *Sc. nam mutaftis Vos, & illas*; quando vox ifta *illas* includit etiam ipfas Deorum mutatas formas.
3 *Adfpirate.*] Metaphora a navigantibus, quibus adfpirantes venti maximo funt auxilio.
1b. *Ab origine.*] A Judæis ad Ægyptios, ab Ægyptiis ad Græcos, alias deinde gentes

quafi per manus pervenit Patriarcharum traditio; ut licet variis fabularum involucris obfcuratam, ipfiffimam tamen veritatem fæpiffime retinuiffe etiam Ethnicos, nullus non poffit jure fufpicari. Cæterum haud fcio, quanquam ex Platonicis, Hefiodo, aliis, plurima hauferit nofter, an non ex Judæis ipfis multa furripuerit.
4 *Perpetuum.*] *Continuum, nufquam interruptum.* Quæ fumma laus eft tum ingenii, tum artificii Poëtæ, qui tot fabulas tam recondi-tas, tam varii argumenti, continuâ ferie, & quafi contiguâ ftructurâ, ad modum annulorum in torque aut catenâ confertorum, ab orbe ufque condito, ad Augufti tempora, tam apte contexuerit.
1b. *Deducite.*] Voci *perpetuum* verbum ap-tiffime refpondens; metaphora, a lanam trahentibus feu fila ducentibus, fumpta.

B 2   FABULA

Der Beginn der „Metamorphosen" in einer lateinischen Textausgabe des Dubliner Verlegers George Grierson aus dem Jahr 1729, mit Anmerkungen (unten) und Interpretation (rechts) auf Latein. Die Illustrationen und Initialen dieser Ausgabe stammen vom Humanisten Daniel Crispinus „Helvetius", der selbst ein paar Werke Ovids herausgegeben hat.

Was ist denn bloß los, dass mein Bett so hart mir heute erscheint,
    Das Laken nicht darauf liegen bleiben will,
Ich schlaflos die Nacht verbracht habe, die lang war,
    Mich herumgeworfen, dass die Knochen mir schmerzen?
Wär ich verliebt, so glaube ich doch, ich müsste es merken.
    Oder schleicht sie unter die Haut, wirkt im Geheimen?
So muss es sein: In mir stecken schon die angespitzten Pfeile
    Und der wilde Amor hat mein Herz in Beschlag.
Gibt man nach oder wehrt man sich, feuert man so noch die Glut an?
    Nachgeben werd ich: Die Last, die man geschickt trägt, ist leichter.

                                                  [Ovid, Am. 2.1–10]

*

Wenn deine Angebetete, auf dem Polster zurückgelehnt,
    Sich tragen lässt, dann tritt ganz leise an ihre Sänfte:
Und damit keiner mit seinen missgünstigen Ohren dich belausche,
    Wenn du kannst, sei schlau, rede zweideutig, gib ihr Zeichen.
Wenn sie langsamen Schrittes herumspaziert zwischen den Säulen einer
    Weitläufigen Halle, sei auch da zur gleichen Zeit.
Und sieh zu, dass du mal ihr vorausgehst, dann wieder hinterher;
    Dass du dich einmal beeilst, dann wieder langsamer wirst.
Auch einmal ein paar Säulen Platz zwischen euch zu lassen
    Scheue dich nicht, noch direkt an ihrer Seite zu gehen.
Auch im Zuschauerraum des Theaters soll sie nicht ohne dich sitzen:
    Das, was du dort sehen willst, hat sie um die Schultern gehängt.
Hier darfst du sie anschauen, darfst du sie auch bewundern:
    Rede viel mit den Augenbrauen und durch Zeichen.
Applaudiere, wenn ein tanzendes Mädchen dargestellt wird,
    Wer den Liebenden spielt, dem spende Applaus.
Sobald sie aufsteht, steh auf. Solange sie sitzt, sollst du sitzen.
    Verschwende die Freizeit so, wie deine Herrin es will.

                                      [Ovid, Ars am. 1.487–504]

*

Die letzten Verse der „Metamorphosen":

Und nun habe ich ein Werk vollendet, das weder Feuer noch Eisen
Zerstören können, auch nicht Jupiters Zorn oder das verzehrende Alter.
Mag, wenn er wolle, kommen der Tag, der lediglich am sterblichen Körper
Sein Recht beweist, und das Leben beenden, dessen Dauer niemand vorher kennt:
Trotz allem wird der bessere Teil meiner Selbst sich über die hohen
Sterne erheben, und niemand wird je meinen Namen zerstören;
Soweit sich die Macht Roms über unterworfene Länder erstreckt,
Wird das Volk mich lesen, und ich werde durch alle Zeitalter hindurch
(Wenn denn die Prophezeiungen der Seher nicht trügen) weiterleben.

                                      [Ovid, Met. 15.871–879]

Ovids Hauptwerk, jenes, das ihn unsterblich machen und ihn u. a. für die Bildende Kunst zum wichtigsten römischen Schriftsteller überhaupt werden lassen sollte, waren die „Metamorphosen" (*Metamorphoseis*). Es handelt sich um 15 Bücher, in denen Ovid etwa 250 antike Mythen, in denen es immer um Verwandlungen geht, behandelt: Darunter sind viele sogenannte „aitiologische Mythen", die die Herkunft bestimmter Naturerscheinungen erklären: Warum entspringt aus diesem Fels hier in Phrygien eine Quelle? Weil eine weinende Frau versteinert wurde. Warum quaken Frösche und hüpfen herum? Weil diese einst Bauern waren, die einer durstigen Göttin den Zugang zu einem Teich versperrten und den Schlamm aufwühlten, um sie am Trinken zu hindern usw. Man meint bald, die ganze griechische Mythologie bestehe nur aus Verwandlungen: Phaeton wird in einen Schwan verwandelt, Arachne in eine Spinne, Philemon und Baukis in zwei Bäume.

Seinen Stoff schöpfte Ovid aus einer ganzen Reihe griechischer Mythensammlungen. Seine Leistung ist es nicht nur, diese übertragen zu haben, sondern vor allem die geschickte Anordnung und Verschränkung und das Zusammenfügen des Stoffes in ein neues organisches Ganzes.

Man weiß nicht genau, wann Ovid mit der Arbeit an den „Metamorphosen" begann, aber es ist ziemlich sicher, dass er sie nicht vollständig fertigstellen konnte, bevor er ins Exil musste. Nach der Nachricht von seiner Verbannung soll er sogar (wie er selbst später schreibt) das komplette Manuskript der „Metamorphosen" ins Feuer geworfen haben – glücklicherweise gab es aber schon ein paar Abschriften. Dennoch merkt man dem Text hier und da an, dass er nicht zu Ende „poliert" ist; ein paar Stellen gibt es noch, die man heute trotz einer Flut von Abschriften nicht mehr hundertprozentig rekonstruieren kann.

Wie ist das alles überliefert worden?

Das Werk Ovids ist buchstäblich in Hunderten von Handschriften überliefert. Dabei liefen gerade die „Metamorphosen" in der Spätantike Gefahr, dem Eifer der christlichen Feinde antiker Mythologie zum Opfer zu fallen – doch der Text war zu verbreitet, als dass man ihn hätte vernichten können. Ovid wurde das gesamte Mittelalter hindurch gelesen und war auch einer der frühesten antiken Dichter, die in die Volkssprachen Englisch, Französisch und Deutsch übersetzt wurden.

Was bleibt?

Über den Einfluss der Werke Ovids auf die Kunst und Literatur des Mittelalters, der Renaissance, der Neuzeit und der Moderne kann man allein ganze Bücher schreiben. Hier nur ein kurzer Überblick allein über das Fortleben der „Metamorphosen", der ahnen lässt, wie einflussreich dieses Werk (bzw. sein Mythenschatz) war und ist. So lässt sich annähernd jedes Renaissance- und Barock-Gemälde mit Motiven aus der griechischen Mythologie auf den Ovid-Text beziehen.

Ovids „Metamorphosen" in der Bildenden Kunst:

- Sandro Botticelli: Die Geburt der Venus, ca. 1482. Tempera auf Leinwand, Galleria degli Uffizi, Florenz
- Correggio: Jupiter und Io, ca. 1531. Öl auf Leinwand, Kunsthistorisches Museum Wien
- Caravaggio: Narziss, ca. 1599. Öl auf Leinwand, Galleria Nazionale, Palazzo Corsini, Rom
- Jan Brueghel d. Ä.: Latona und die lykischen Bauern, 1601. Öl auf Holz, Städelsches Kunstinstitut, Frankfurt am Main
- Peter Paul Rubens: Juno und Argus, ca. 1610/11. Öl auf Leinwand, Wallraf-Richartz-Museum, Köln
- Jacob van Campen: Merkur, Argus und Io, ca. 1635. Öl auf Leinwand, Mauritshuis, Den Haag.
- Francesco Zuccarelli: Der Raub der Europa, ca. 1745. Öl auf Leinwand, Galleria dell'Accademia, Venedig
- Pierre-Narcisse Guérin: Iris und Morpheus, 1811. Öl auf Leinwand, Staatliche Ermitage, St. Petersburg
- Anselm Feuerbach: Selene und Endymion, 1855. Öl auf Leinwand, Privatbesitz
- Gustave Moreau: Die Entführung der Europa, ca. 1869. Öl auf Holz, Musée d'Orsay, Paris
- Evelyn De Morgan: Cadmus und Harmonia, 1877. Öl auf Leinwand, The De Morgan Foundation, London
- Auguste Rodin: La confidence, um 1900. Gips, Musée Rodin, Paris
- Salvador Dalí: Leda atomica, 1949. Öl auf Leinwand, Fundacio Gala-Salvador Dali, Figueras
- Fernando Botero: Leda, 1996. Bronze, Piazza della Signoria, Florenz

Ovids „Metamorphosen" in der Literatur:

- William Shakespeare: „Ein Sommernachtstraum" (*A Midsummer Night's Dream*, 1595/96) → Pyramus und Thisbe; „Der Sturm" (*Tempest*, 1611) → Medea; „Titus Andronicus" (1589) → Prokne und Tereus

- Luis de Góngora: *La Fábula de Polifemo y Galatea* (1613) → Polyphem und Galatea
- Andreas Gryphius: *Absurda Comica oder Peter Squenz* (etwa 1658) → Pyramus und Thisbe
- Christoph Ransmayr: *Die letzte Welt* (1988) → postmoderner Roman, in dem 33 Figuren aus den „Metamorphosen" auftauchen (s. S. 101)
- Naomi Iizukas: *Polaroid Stories* (1997) → Theaterstück mit zahlreichen Motiven in modernem Setting
- Mary Zimmerman: *Metamorphoses* (2002) → elf Mythen aus den „Metamorphosen" als Theaterstück

Ovids „Metamorphosen" in der Musik:

- Jacopo Peri: *La Dafne favola drammatica* (Oper, 1597) → Daphne
- Händel: *Acis and Galatea* (Oratorium, 1718) → Acis und Galatea
- Carl Ditters von Dittersdorf: *Symphonie Nr. 1–6 nach Ovids Metamorphosen* (ca. 1785) → zwölf Mythen aus je einem Buch der „Metamorphosen" (nur sechs sind erhalten)
- Richard Strauss: *Daphne*, 1938 → Daphne
- Benjamin Britten: *Six Metamorphoses after Ovid* (Werke für Solo-Oboe,1951) → Pan, Phaeton, Niobe, Bacchus, Narziss, Arethusa

Der Wolf ...! Das Lamm ...!

Phaedrus

Name: **Phaedrus**
Lebensdaten: **ca. 15 v. Chr.–45 n. Chr.**
Literarische Gattung: **Fabeldichtung**
Werke: **„Fabeln"** *(Fabulae)*

„Und die Moral von der Geschicht' ..." – diesen Halbsatz kennt wohl jeder: So endet die klassische Fabel, mit der „Moral", die die mehr oder minder lehrreiche Aussage der kurzen Geschichte zusammenfasst. Die drei großen Sammler von Fabeln in der westlichen Literatur heißen: Äsop, La Fontaine und Phaedrus.

Wer war das?

Phaedrus war ein Freigelassener eines römischen Kaisers, entweder des Augustus oder seines Nachfolgers Tiberius. Er schreibt selbst, er sei auf dem Berg Pieros geboren, demnach wäre er Grieche (bzw. Makedone) gewesen – dazu passt sein Name: Phaedrus ist die latinisierte Form des griechischen Namens „Phaidros". Glaubt man seiner Aussage, er habe als Schüler Ennius gelesen, so muss er bereits in seiner Jugend nach Italien gekommen sein. Der Schriftstellerei hat er sich wahrscheinlich erst gewidmet, als er, der Sklave, freigelassen wurde – also wohl gegen Ende seines Lebens.

Was schrieb er?

Phaedrus' große Bedeutung für die lateinische Literatur besteht darin, dass er als Erster Fabeln – kleine abgeschlossene Geschichten, meist mit (sprechenden) Tieren als Protagonisten und moralischer Lehre am Schluss – als Stoff römischer Dichtung präsentierte.

In der Antike gab es einen großen Namen, der auch heute noch geläufig ist, wenn es um Fabeln geht: Äsop. Dieser lebte angeblich 600 Jahre vor Phaedrus, und schon zu Phaedrus' Zeit waren wohl keine Gedichte mehr von ihm erhalten – lediglich sein Name dürfte auch schon damals fast mythisiert fortgelebt haben, als Überschrift ganzer (Prosa-)Sammlungen von Fabelgeschichten (ab 300 v. Chr.), die auch Phaedrus als Vorlage dienten. Bereits Vergil verwendete eine Fabel in seinen *ser-*

mones (die Geschichte von der Landmaus und der Stadtmaus). Doch der Erste, der ganze Gedichtbücher ausschließlich mit Fabeln füllte und diese unter seinem eigenen Namen herausbrachte, war Phaedrus.

Sein Werk ist in fünf Büchern erhalten. Zu Beginn des 1. Buches sagt er noch ganz programmatisch, er gebe die Fabeln des Äsop wieder, habe sie lediglich in Verse übertragen. Im Prolog des 4. Buches gibt er sich schon selbstständiger: „[Meine Fabeln] nenne ich äsopisch und nicht ‚die des Äsop', da jener wenige, ich aber dafür mehr gemacht habe, indem ich ein altes Mittel verwende, aber mit neuen Themen." Im Prolog zum 3. Buch nennt Phaedrus einen wichtigen fabeltheoretischen Aspekt: Jemand, der in der sozialen Hierarchie niedriger stehe, könne mithilfe der Fabel Kritik an Höherstehenden üben, ohne sich dem Vorwurf der Verleumdung auszusetzen. Zu einem solchen Zweck können Fabeln dienlich gewesen sein wie die vom Wolf und dem Lamm, die noch heute gern als Schullektüre Verwendung findet – die zweitbekannteste Fabel bei Phaedrus ist wohl die vom Fuchs und dem Raben.

Wie ist das alles überliefert worden?

Wie so vieles ging auch Phaedrus' Werk im Mittelalter fast verloren. Man war wohl eher am Inhalt der Fabeln als an seinen Versen interessiert (die ja auch nicht so leicht zu lesen sind wie nüchterne Prosa) – und so war v. a. eine große Fabelsammlung in Prosa im Umlauf, die z. T. auf Phaedrus, z. T. offenbar auf einer lateinischen Äsop-Übersetzung beruhte. Phaedrus'

Wolf und Lamm

Zum Fluss kamen einst ein Wolf und ein Lamm,
Vom Durst geleitet. Oberhalb stand der Wolf,
Und weit darunter das Lamm. Vom Hunger getrieben,
Suchte er nach einem Grund für einen Streit.
„Warum", sagte er, „hast du das Wasser aufgewühlt,
Von dem ich trinke?" Das Lamm, voll Angst, gab zurück:
„Wie kann ich wohl tun, was du sagst, oh Wolf?
Das Wasser, es fließt doch von dir zu mir herunter."
Betroffen von der Kraft dieser offensichtlichen Wahrheit
Sprach er: „Vor sechs Monaten hast du mich beleidigt!"
Das Lamm sprach: „Da war ich noch gar nicht geboren."
„Beim Herkules", sprach der Wolf, „dann war es dein Vater!"
Und er zerfleischte das Lamm auf ungerechteste Weise.
Diese Fabel ist erfunden wegen jener Menschen,
Die Unschuldige mittels erfundener Gründe unterdrücken.

[Phaed. 1.1]

Originaltext ist erst wieder für das 15. Jh. bezeugt, und die älteste noch erhaltene Handschrift stammt sogar erst vom Ende des 16. Jhs.

Was bleibt?

Viele von Phaedrus' Fabeln begegnen uns im Hauptwerk des französischen Dichters Jean de La Fontaine (1621–1695) wieder, der 1668 die ersten Bände seiner *Fables choisies* veröffentlichte – ein Werk, dem man oft attestiert hat, seine Vorbilder (neben Phaedrus auch Äsop und eventuell ein anderer Grieche namens Babrios) künstlerisch in den Schatten zu stellen.

Phaedrus' berühmteste Fabel begegnet uns auch in einem ganz anderen Kontext. In der siebten und letzten Folge seiner TV-Sendung *Total normal* (vom 4. Juli 1991) tritt Hape Kerkeling in einem Einspielfilm vor einem verdutzten Volkshochschulpublikum als polnischer Interpret zeitgenössischer Klassik auf: „Der Wolf …! Das Lamm …! Auf der grünen Wie-e-e-se! … Hurz!!!" Und ganz richtig bemerkt in der anschließenden Diskussion ein Zuhörer: „Wolf und Lamm, das hat ja eine lange Geschichte …"

Des Philosophen Tragödie(n)

Seneca

Name: **Lucius Annaeus Seneca**
Lebensdaten: **ca. 1–65 n. Chr.**
Literarische Gattung: **Philosophische Schriften, Tragödie**
Werke: **„Über das glückliche Leben"** *(De vita beata),*
„Fragen zur Natur" *(Naturales quaestiones),*
„Der rasende Herkules" *(Hercules furens)* u. a.

„Eine Rede", so soll Seneca einmal gesagt haben, „muss wie ein Liebesakt sein: Sie soll langsam beginnen, immer intensiver werden und mit einem Knalleffekt aufhören – und nicht länger dauern als zwei Minuten." Ebenso pragmatisch ging Seneca an die Philosophie heran: Was ihn heute noch populär macht, ist, dass man seine Leit- und Grundsätze ohne ein Philosophie-Grundstudium versteht.

Wer war das?

Lucius Annaeus Seneca ist einer der großen Stilisten der lateinischen Sprache und neben Cicero der wichtigste römische Philosoph. Um ganz genau zu sein, müsste man ihn „Seneca d. J." nennen – immerhin war sein Vater ein bekannter Politiker und ebenfalls Schriftsteller. Doch anders als etwa beim älteren und jüngeren Plinius ist so gut wie immer nur einer von beiden gemeint, wenn man von „Seneca" spricht: eben dieser, der Sohn.

Genau wie sein Neffe, der Dichter Lucan, stammte Seneca aus Corduba in Hispanien (dem heutigen Córdoba). Geboren wurde er in den ersten Jahren nach der Zeitenwende, auch wenn dies nicht genau zu rekonstruieren ist. Er ging zur rhetorisch-philosophischen Ausbildung nach Rom, wo sich die Lehre der Stoiker, deren Ideen er adaptierte, mittlerweile weitgehend durchgesetzt hatte (dank Cicero). Schon früh wollte er die Senatorenlaufbahn einschlagen, doch eine Erkrankung der Atemwege machte ihm zu schaffen und ließ ihn zunächst eine lange Erholungsreise nach Ägypten antreten. 31 n. Chr. kehrte er zurück, und offenbar hatte die Reise ihr Ziel nicht verfehlt: Seneca wurde ein bekannter Anwalt und bald auch Senator. Im Jahre 41 n. Chr. erfuhr seine steile Karriere jedoch einen jähen Einschnitt: Aufgrund einer Intrige – laut der Ehefrau des Kaisers Claudius hatte er dessen Schwester verführt – wurde

„Pseudo-Seneca". Früher war man sicher, hier sei Seneca dargestellt, doch heute weiß man: Diese römische Büste ist die Kopie eines griechischen Original von ca. 200/190 v. Chr. Uffizien, Florenz.

er auf die Insel Korsika verbannt. Glück im Unglück war für ihn, dass der Kaiser selbst sich für ihn im Senat einsetzte und eine drohende Hinrichtung abwendete (was den Vorwurf im Nachhinein umso mehr als haltlos erscheinen lässt). Er behielt sogar sein Bürgerrecht und sein Vermögen, und acht Jahre später durfte er nach Rom zurückkehren, um als Erzieher von Claudius' Adoptivsohn eingesetzt zu werden: Nero. Seine Karriere nahm wieder Fahrt auf, und 50 n. Chr. wurde er zum Konsul gewählt.

Vier Jahre später starb der Kaiser, und Nero bestieg den Thron, Seneca war sein engster Berater. Und in den ersten Jahren seiner Herrschaft scheint der neue Kaiser auch auf die Ratschläge des Philosophen gehört zu haben. Doch ein paar Jahre später wurden die Ideen und Taten Neros immer fragwürdiger. Am Ende schloss sich Seneca der Pisonischen Verschwörung an (s. S. 132 f.), und wie die anderen Verschwörer zwang man ihn, Selbstmord zu begehen.

Tam miser est quisque, quam credidit.
„Jeder ist so unglücklich, wie er zu sein glaubt."

Was schrieb er?

Nach Cicero ist Seneca der zweite bedeutende Philosoph des alten Rom. Und auch von Seneca ist eine Reihe philosophischer Prosaschriften überliefert, darunter Briefe (allerdings literarische, keine wirklich abgeschickten wie die Ciceros). Daneben sind von Seneca in großem Umfang dichterische Werke erhalten: mehrere Tragödien und eine Satire.

Philosophie
Senecas Philosophie ist eine der angewandten Ethik, was sie (auch für philosophische Laien) besonders zugänglich macht. Ob in den größeren, in den kleineren Werken oder in seinen Briefen: Anstatt große, schwer verständliche Theorien zu entwickeln, geht es ihm stets darum, wie sich der Mensch in welcher Lage konkret verhalten bzw. sein Leben führen soll. Seneca spricht sich für ein Leben nach den Maßstäben der menschlichen Vernunft aus, für Pflichtbewusstsein sich selbst und den Mitmenschen gegenüber.

In einem Zeitraum von fast 25 Jahren, sein ganzes Schriftstellerleben hindurch, verfasste Seneca seine heute als „Dialoge" zusammengefassten philosophischen Abhandlungen zu einzelnen Themen wie „Über den Zorn" (*De ira*), „Über die Kürze des Lebens" (*De brevitate vitae*), „Über die Ausgeglichenheit" (*De tranquillitate animi*) oder „Über die Standhaftigkeit des weisen Menschen" (*De constantia sapientis*). Besonders bekannt ist heute noch „Über das glückliche Leben" (*De vita beata*), das man oft auf den Ramschtischen der Buchhandlungen für ein paar Euro als kleines Geschenkbuch findet.

Ein Spätwerk, das nicht zu den „Dialogen" zählt, sind die „Fragen zur Natur" (*Naturales quaestiones*). Hier versucht Seneca schließlich, seine ethischen Grundsätze in der Natur zu verankern. Dazu bedient er sich bei verschiedenen antiken Autoren, um Naturerscheinungen zu erklären – wie Donner und Blitz, Schnee und Eis, Winde, Erdbeben und Meteore. Ebenfalls zum Spätwerk gehören die bereits erwähnten 124 Briefe, sämtlich an einen engen Freund gerichtet, gesammelt unter dem Titel: „Moral-Briefe an Lucilius" (*Epistulae morales ad Lucilium*). Wer dieser Lucilius genau war, weiß man nicht – man nahm sogar lange Zeit an, dass er nur eine fiktive Gestalt war, an die Seneca seine (ohnehin zur Veröffentlichung vorgesehenen) Briefe richtete. Auch hier stehen wieder ganz konkrete Probleme der Lebensführung auf der Agenda: Glück und Angst, Beziehung und Einsamkeit, Armut und Reichtum.

Dichtung

Acht Tragödien sind erhalten, die sicher von Seneca stammen. Das Besondere hierbei: Es sind die *einzigen* überlebenden römischen Tragödien. Ihre Stoffe gehen (bis auf eine) auf berühmte Dramen der drei großen griechischen Tragödiendichter Euripides, Aischylos und Sophokles zurück: „Der rasende Herkules" (*Hercules furens*), „Die Troerinnen" (*Troades*), „Die Phönikerinnen" (*Phoenissae*), *Medea*, *Phaedra*, „Ödipus" (*Oedipus*), „Agamemnon" (*Agamemno*) und *Thyestes*. Dennoch machte Seneca etwas ganz Eigenes aus den überlieferten Stoffen der Mythologie. Was bei Euripides schon seinen Anfang nahm, setzt er konsequent fort: Bei Seneca steht nicht die (auch bei ihm oft grausame) Handlung im Vordergrund, sondern die psychologischen Momente. Was treibt die Figuren an, wie gehen sie mit den Situationen um, was können wir daraus lernen? Insofern fügen sich auch seine Tragödien in den Kontext seiner Philosophie ein. Wie es in Griechenland vor allem die Komödie tat, kommentiert Seneca in seinen Tragödien möglicherweise auch die römische Tagespolitik und die Ent- und Verwicklungen am Hofe Neros.

Etwas Besonderes ist schließlich die „Verkürbissung des göttlichen Kaisers Claudius" (*Apocolocyntosis divi Claudi*). Starb ein Kaiser, so konnte er durch die sog. Apotheose zum Gott erhoben werden. Diese „Vergöttlichung" macht Seneca zur „Verkürbissung" (griech. *kolokyntha*: „Kürbis"), der einzigen komplett überlieferten „menippeischen Satire" (zum Teil in Prosa, zum Teil in Versen verfasst). Die Satire ist äußerst scharf, was mit Senecas stoischer Grundhaltung eigentlich gar nicht zusammenpasst. Auf dem Totenbett sagt Kaiser Claudius z. B.: „Wehe mir, ich glaube, ich habe mich eingeschissen!" (*Vae me, puto, concacavi me!*), und anstatt zum Gott zu werden, ist er im Jenseits der Sklave eines Freigelassenen. Abgesehen vom beißenden Spott ist das Werk aber eine stilistische Fundgrube und zeigt Seneca als Meister der Sprache, der ohne Weiteres vom niedrigsten zum höchsten Stil zu wechseln vermag und doch ein geschlossenes Ganzes schafft.

Seneca grüßt seinen Lucilius.

So ist es, und ich gehe nicht von meiner Meinung ab: Meide die Menschenmenge, meide kleine Gruppen, meide sogar den Einzelnen! Mir fällt nicht ein, mit wem ich wollte, dass du mit ihm sprichst. Schau, was ich von dir halte: Ich wage es, dich dir selbst zu überlassen. Man sagt, dass der Philosoph Krates (ein Schüler des Stilpon, von dem ich dir im letzten Brief erzählt habe) einmal einen jungen Mann ganz allein umhergehen sah und ihn fragte, was er da so allein mache. Der antwortete: „Ich rede mit mir selbst." Da sagte Krates zu ihm: „Sei auf der Hut und sei vorsichtig, denn du redest mit einem schlechten Menschen."

Wir sind es gewohnt, auf trauernde und furchtsame Menschen ein Auge zu haben, damit sie keinen Unsinn anstellen, wenn sie allein sind. Von den Dummen gibt es keinen, den man allein lassen sollte. Dann denken sie sich unheilvolle Pläne aus, die sie selbst und andere in Gefahr bringen werden, planen gemäß ihren niedersten Instinkten; was bislang aus Furcht oder Scham verborgen blieb, deckt ihr Geist auf; er steigert ihre Kühnheit, ihre Libido, ihren Zorn. Deshalb verfügt der Dumme noch nicht einmal über den einzigen Vorteil der Einsamkeit, nämlich dass man sich an keinem anderen vergehen kann und keinen Verräter fürchten muss: Er gibt sich selbst preis. Sieh also, was ich von dir erhoffe bzw. was ich mir von dir verspreche („Hoffnung" nennen wir schließlich das, was noch nicht ganz sicher ist): Ich weiß nicht, mit wem ich lieber zusammen bin als mit dir. [...]

Aber um nach meiner Gewohnheit mit diesem Brief noch ein kleines Geschenk mitzuschicken – ich habe bei Athenodoros ein nur allzu wahres Wort gefunden: „Wisse, dass du von allen Begierden frei bist, wenn du so weit gekommen bist, dass du einen Gott um nichts bittest, um das du nicht in aller Öffentlichkeit bitten würdest." Doch wie groß ist die Torheit der Menschen! Sie flüstern den Göttern die schändlichsten Bitten zu – wenn aber jemand anderes sein Ohr hinhielte, wären sie sofort still. Und wovon sie nicht wollen, dass die Menschen es wissen, das erzählen sie einem Gott. Sieh mal, könnte das hier nicht als Leitsatz eine heilsame Wirkung haben: „Lebe so mit den Menschen, als schaute ein Gott zu, rede so mit einem Gott, als hörten Menschen zu!"

Leb wohl!

[Sen., Epist. mor. 10]

Wie ist das alles überliefert worden?

Ähnlich Vergil hatte Seneca das Glück, einige Jahrhunderte später für eine Art Christ gehalten oder zumindest unter die „guten Heiden" gezählt zu werden; schon frühe Kirchenväter wie Laktanz äußerten sich positiv über ihn. Immerhin fand man in seiner Philosophie viele Grundsätze wie Ergebenheit gegenüber dem göttlichen Willen und Unterordnung unter das von Gott bestimmte Schicksal, die dem Christentum durchaus in die Hände spielten. Auch ist sein Gottesbegriff nicht ganz einfach zu fassen – oft spricht er nur von *„deus"*, dem *einen Gott* im Singular. Dabei musste man dafür beileibe kein Christ sein – war doch der Vielgötterglauben in Rom schon zur Zeit der späten Republik ohnehin längst nicht mehr so stark ausgeprägt, wie er es einmal gewesen war. Dennoch blieb das Interesse an Seneca bestehen; es durchzog das gesamte Mittelalter (siehe auch die mittelalterliche Illustration auf S. 7). Im Ulmer Münster ist noch heute eine 1470 aufgestellte Büste von ihm zu bewundern. Dementsprechend gut ist sein Werk überliefert, man hat ihn nie verboten und immer wieder gelesen. Auch wenn manches fehlt, so hat man doch wohl das meiste, was zu einem bestimmten Zeitpunkt noch erhalten war, immer weiter kopiert. Das gilt sogar für die Tragödien, auch wenn ihre Überlieferung auf nicht ganz so vielen mittelalterlichen Kodizes beruht; eine Handschriftengruppe scheint immerhin bis ins 4. Jh. zurückzugehen.

Was bleibt?

Von den Kirchenvätern und der mittelalterlichen christlichen Moralphilosophie, von den niederländischen humanistischen Gelehrten über die schweizerischen Reformatoren bis zu den französischen Philosophen hat Seneca die gesamte europäische Geistesgeschichte des Mittelalters und der frühen Neuzeit beeinflusst. Erst die deutschen Philosophen des 18. und 19. Jhs. wandten sich von Seneca ab, der ihnen oft zu sehr Stilist und zu wenig Philosoph war, wie ein Zitat aus Nietzsches *Fröhlicher Wissenschaft* verdeutlicht.

Seneca et hoc genus omne.
Das schreibt und schreibt sein unausstehlich weises
Larifari,
Als gält es primum scribere,
Deinde philosophari.*

Friedrich Nietzsche

Literarisch waren besonders Senecas Tragödien einflussreich, vor allem in Frankreich und im elisabethanischen England. Das ist kaum verwunderlich, bedenkt man, dass in der frühen Renaissance das Griechische noch nicht wieder so verbreitet in Westeuropa war, dass man sich schon genauso intensiv mit den griechischen Originalen beschäftigt hätte wie später zur Goethezeit. In jüngster Zeit sorgte Durs Grünbeins Neuübertragung des äußerst brutalen *Thyestes* für Aufsehen; allein in der *Süddeutschen Zeitung* stritten sich die Rezensenten im März 2002, ob seine Übersetzung „kongenial" sei oder Grünbein „Pfusch abgeliefert" habe.

---

* *Seneca und seine ganze Abteilung.* Das schreibt und schreibt sein unausstehlich weises Larifari, / als gält es als Erstes zu schreiben / und dann erst zu philosophieren.

Otternasen, Lerchenzungen ...

Apicius

Name: **(Marcus Gavius?) Apicius**
Lebensdaten: **1. oder 3./4. Jh. n. Chr.**
Literarische Gattung: **Kochbuch**
Werk: **„Über das Kochen"** *(De re coquinaria)*

„Otternasen! Lerchenzungen! Zaunköniglebern! Wolfzitzen-chips!" – diese Worte aus Monty Pythons Filmerfolg „Das Leben des Brian" (*The Life of Brian*, 1979), mit denen der Protagonist im Publikum beim Gladiatorenkampf seine Snacks feilbietet, sind gar nicht so weit von der Wahrheit entfernt, wie die satirische Überspitzung des Films es nahelegt. Die Römer aßen gern, viel, ausgiebig, lang und vor allem – ausgefallen. Die meisten unserer Kenntnisse dessen, was man in der Oberschicht aß, haben wir durch das Kochbuch des Apicius erhalten.

Wer war das?

Wer der Verfasser des Buches „Über das Kochen" (*De re coquinaria*) war, ist nicht ganz zu klären. Seneca schreibt über einen dekadenten Schlemmer und Prasser namens Marcus Gavius Apicius, der 100 Millionen Sesterzen für Küche, Speisen und Gelage ausgegeben hatte und sich danach mit Gift das Leben nahm, als er merkte, dass ihm „nur" noch 10 Millionen zum Leben blieben. Er war auch der Überlieferung nach der Erste, der Schweine mit Feigen mästete, um eine größere und wohlschmeckendere Leber zu erhalten. Es gab noch einen anderen Apicius, der ca. 100 n. Chr. lebte – bei Seneca aber somit nicht mehr gemeint sein kann. Das „Kochbuch" selbst ist in der heutigen Form wohl erst im 3. oder 4. Jh. n. Chr. verfasst worden – doch zumindest ein Teil der Rezepte könnte auf Senecas Apicius zurückgehen.

Was hat er geschrieben?

Apicius' „Über das Kochen" ist das einzige Werk, das aus der Antike erhalten ist, das detailliert Zutaten und Rezepte liefert – eine Art goldener Schlüssel zur römischen Küche der frühen Kaiserzeit des 1. Jhs. n. Chr. Es

Ernährung für Arm und Reich?

Natürlich befinden wir uns bei den meisten, vor allem den exotischeren Rezepten des Apicius in der römischen **Oberschicht**. Das Volk aß (notgedrungen) einfach und bescheiden – Brot, Getreidebrei, Schafskäse, Oliven. **Fleisch oder Fisch** gab es eher selten. Die gehobene Kochkunst kannte freilich andere Zutaten und Geheimnisse, wie nicht zuletzt die berühmte Szene aus Petrons *Satyricon* (s. S. 121 ff.) zeigt, in der beim Gastmahl ein gebratenes Schwein aufgetragen wird, aus dem beim Anschneiden lebende Tauben fliegen.

Doch eines durfte beim Plebejer wie beim Patrizier niemals in der Küche fehlen: die Fischsoße, *garum* oder *liquamen* genannt. Man gewann sie aus verschiedenen Fischsorten, die man in Salz eingelegt z. T. über Monate reifen ließ, um eine wahrscheinlich **extrem geschmacksstarke Soße** zu erhalten – vielleicht nicht ganz unähnlich dem schwedischen *surströmming*, dem Hering in der sich ausbeulenden Büchse.

ein „Kochbuch" zu nennen, ist dabei eigentlich eine Untertreibung: „Über das Kochen" enthält rund 460 Rezepte in zehn Büchern. Jedes der Bücher behandelt eine andere „Abteilung" in der Küche: „Aus dem Garten", „Das Meer", „Gehacktes" etc. Und hier begegnet einem wirklich allerlei: Von Zutaten, die auch heute noch Gourmets in aller Welt erfreuen (wie Schnecken oder Trüffeln), bis hin zu solchen, die heute absolut exotisch anmuten: Flamingozunge, Schweineeuter oder „Gebärmutter der jungen Sau". Sogar ein ganzer Vogel Strauß wird hier zubereitet. Oder auch „Salzfisch ohne Salzfisch" (*salsum sine salso*): Hier wird gestampfte Leber mit *garum* in einer fischförmigen Kasserolle gedünstet.

Rezept für gekochten Zitterrochen

Man nehme Pfeffer, Liebstöckel, Petersilie, Minze, Oregano, ein halbes Ei, Honig, Garum, süßen Wein, Wein und Öl. Wenn man will, gebe man Senf und Essig dazu. Wenn man es heiß mag, gebe man Rosinen dazu.

[Apicius 9.2]

*

Rezept für Haselmäuse

Man fülle die Haselmäuse mit Schweinehackfleisch und mit Fleisch von allen Gliedern der Haselmaus und mit gemahlenem Pfeffer, Pinienkernen, Saft der Silphiumpflanze und Garum, nähe sie zu und gebe sie zugenäht und auf Tonziegel gelegt in den Ofen, oder man koche die solchermaßen gefüllten Mäuse in der Pfanne.

[Apicius 8.9]

*

Rezepte für Gebärmutter der Sau

Jungsauen-Gebärmutter: mit Laser (man nehme kyrenäischen oder parthischen), Essig und Liquamen abschmecken und servieren.

Sauen- und Jungsauen-Gebärmutter: mit Pfeffer, Selleriesamen, trockener Minze, Laserwurzel, Honig, Essig und Garum abschmecken.

Sauen- und Jungsauen-Gebärmutter: mit Pfeffer, Garum und parthischem Laser servieren. […] Geröstete Gebärmutter: mit Kleie einwickeln, in Salzwasser geben und so backen.

[Apicius 7.1]

Was bleibt?

Es gab und gibt eine Reihe von modernen Kochbüchern, die auf der Grundlage des Werks von Apicius „römisch Kochen" lehren, z. B. von H. Juergen Fahrenkamp: *Was Caesar am liebsten speiste* – eigentlich ein wunderbar anachronistischer Titel, wobei man davon ausgehen kann, dass sich Rezepte und Zutaten zu Caesars Zeiten nicht sehr von denen der Kaiserzeit unterschieden haben werden (zumindest für die, die es sich leisten konnten). Ein Rezept für einen ganzen Vogel Strauß findet man in solchen modernen Kochbüchern zum „römisch Kochen" freilich nicht – und auch das *garum* wird in der Regel durch Sardellenpaste oder asiatische Fischsauce ersetzt …

Der römische Simplicissimus

Petron

Name: **Titus Petronius (Niger *oder* Arbiter)**
Lebensdaten: **ca. 14/15–66 n. Chr.**
Literarische Gattung: **Roman**
Werk: ***Satyricon***

Wenn wir heute von Literatur und Belletristik sprechen, so denken wir dabei unwillkürlich an den Roman als die zeitgemäße Form schriftstellerischen Schaffens. Das war in der Antike ganz anders – auch wenn es schon in Griechenland Romane gab, die durchaus der modernen Definition genügt hätten, so ist uns aus dem klassischen Rom doch nur ein Werk dieser Gattung erhalten: der Roman des Petron.

Wer war das?

Eigentlich hatte Titus Petronius keinen Beinamen. Und doch tauchen in der Literatur zwei auf: Niger und Arbiter. „Niger" heißt auf Deutsch „schwarz" und deutet, wie Terenz' Beiname „der Afrikaner", darauf hin, dass er von dunkler Hautfarbe war. Vom Historiker Tacitus stammt der zweite traditionell dem Petron angehängte Beiname: Arbiter, „Schiedsrichter", denn Tacitus beschreibt ihn als *elegantiae arbiter*, „Schiedsrichter des guten Geschmacks". So nennt Tacitus Petron in seinen „Annalen" (s. S. 122) – und dort finden wir auch das meiste von dem, was wir heute noch über Petron wissen. Petron gehörte zu Neros „Hofstaat", und wie die beiden anderen populären Schriftsteller dort, Lucan und Seneca, schloss sich auch Petron der Verschwörung gegen Nero an und bezahlte mit dem Leben.

Was schrieb er?

Petrons Hauptwerk, das leider nur in Teilen überlebt hat, ist eben das, was wir heute allenthalben unter Belletristik fassen, in der Regel aber nicht mit der Antike verbinden: ein Roman. Dabei sind bereits aus der Zeit vor Petron zumindest für die griechische Literatur zahlreiche Romane bezeugt, hauptsächlich Liebesromane, die oft nach dem gleichen

Schema abliefen, sehr oft mit einer Frau, die von Piraten gekidnappt wird und am Ende vom strahlenden Held gerettet.

Petrons Roman ist keine Liebesschnulze, sondern eine literarische und gesellschaftliche Satire. Der Titel des Romans wird in der Regel mit *Satyricon* wiedergegeben, sollte aber eigentlich *Satyrica* (Neutrum Plural) genannt werden: „Satirisches" (das *„-on"*, der griechische Genitiv Plural, bezieht sich auf das fortgelassene *libri*, also: „Bücher mit/voll von Satiren"). Nicht zuletzt Fellinis Verfilmung, die heute sicher bekannter ist als ihre literarische Vorlage, hat aber den Titel „Satyricon" sozusagen fürs breite zeitgenössische Publikum ein für allemal durchgesetzt.

Freitod des fleißigen Müßiggängers – Tacitus über Petron

Seine Tage verbrachte er mit Schlafen, seine Nächte mit Arbeit und den Freuden des Lebens. Seine Faulheit machte ihn so berühmt wie andere der Fleiß, aber er war weder ein Wüstling noch ein Verschwender (wie die meisten derjenigen, die von ihrem Vermögen leben), sondern ein Mann der feinen Genüsse. Und in der Tat mochte man sein Reden und seine Taten umso mehr, je freier sie waren und je mehr Achtlosigkeit sie zur Schau stellten – denn bei ihm sah immer alles ganz natürlich aus. Und doch zeigte er sich als Prokonsul von Bithynien und bald darauf als Konsul als ein Mann der Tat mit Geschäftssinn. Danach fiel er wieder dem Laster anheim (so scheint es zumindest) und Nero wählte ihn aus, einer seiner wenigen Vertrauten zu sein, als Schiedsrichter des guten Geschmacks – Nero hielt nichts für angenehm oder elegant, wenn Petron es nicht abgesegnet hatte. Daher kam auch der Neid des Tigellinus, der ihn als Rivalen oder sogar Vorgesetzten in Sachen „Wissenschaft des Vergnügens" ansah. Und so machte er sich die Grausamkeit des Kaisers zunutze (die dessen sämtliche anderen Eigenschaften überstieg) und klagte Petron an, ein Freund des Scaevinus zu sein, bestach einen Sklaven, der dann gegen Petron aussagte, beraubte ihn seiner Mittel zur Verteidigung und sorgte dafür, dass ein großer Teil von Petrons Hausangestellten im Gefängnis landete.

Zu jener Zeit war Nero zufällig gerade auf dem Weg nach Kampanien, und Petron war auf dem Weg ganz nach Cumae, wo er festgenommen wurde. Er ertrug es bald nicht mehr – musste er fürchten, konnte er hoffen? Und doch warf er nicht einfach sein Leben fort. Er schnitt sich die Pulsadern auf und (ganz nach dem ihm eigenen Humor) verband sie wieder, öffnete sie später erneut, während er sich mit Freunden unterhielt – aber nicht auf ernste Weise oder so, dass es ihm Ruhm eingebracht hätte. Und er hörte ihnen zu, weil sie nicht über die Unsterblichkeit der Seele oder die Theorien von Philosophen diskutierten, sondern leichte und spielerische Verse von sich gaben. Einigen seiner Sklaven gab er Geschenke, anderen eine Tracht Prügel. Er speiste und legte sich schlafen, so dass sein Tod, auch wenn selbst herbeigeführt, ganz natürlich wirken konnte. Und in seinen letzten Zeilen schmeichelte er nicht (wie es viele andere tun, die im Sterben liegen) Nero, Tigellinus oder anderen Mächtigen, sondern er beschrieb im Gegenteil detailgetreu die Verbrechen des Kaisers, schrieb die Namen von dessen männlichen und weiblichen Komplizen auf und ihre Vergehen und schickte das Ganze versiegelt zu Nero. Dann zerbrach er seinen Siegelring, damit ihn nicht später irgendjemand missbrauchen könnte.

Regisseur Federico Fellini am Set seines Films *Satyricon*, der auf Motiven des Romans des Petron basiert, mit Martin Potter, der den Encolpius spielt; 1969.

Der Protagonist in *Satyricon* heißt Encolpius, und in Parodie auf Odysseus bei Homer wird auch er von einem Gott verfolgt, der ihm böse mitspielt – allerdings nicht von Poseidon, der ihm nach dem Leben, sondern vom römischen Fruchtbarkeitsgott Priapus, der ihm nach der Männlichkeit trachtet: Encolpius droht die Impotenz. Höhepunkt des Romans ist eine ausführliche Gelageszene, in der Encolpius beim neureichen (und alles andere als schmeichelhaft geschilderten) Freigelassenen Trimalchio zu Gast ist. Diese Szene ist oft aus dem Zusammenhang ge-

Endlich legten wir uns zum Essen hin: Ägyptische Sklaven gossen uns mit Schnee gekühltes Wasser über die Hände, andere knieten sich hin und schnitten uns äußerst geschickt die Fußnägel. Und dieses lästige Geschäft verrichteten sie nicht still und leise, sondern sie sangen sogar noch dabei. Ich wollte testen, ob alle Hausangestellten sängen, und so bestellte ich etwas zu trinken. Hilfsbereit und mit lautem Gesang ging der Knabe auf meinen Wunsch ein, ebenso wie alle anderen, die man um einen Gefallen bat. Du hättest das Ganze für einen Pantomimen-Chor gehalten, nicht für das Speisezimmer eines reichen Mannes.

Dann trug man eine äußerst delikate Vorspeise auf, denn alle Gäste hatten sich nun zum Essen gelegt – alle außer Trimalchio, dem man, nach neuester Sitte, den ersten Platz freihielt. Man hatte einen kleinen korinthischen Esel aufgestellt, der zwei Säcke trug: grüne Oliven auf der einen, schwarze auf der anderen Seite. Neben dem Esel standen zwei Schalen, Silbergeschirr mit dem Namen Trimalchio eingraviert. An Eisenstangen waren Haselmäuse aufgehängt, bestrichen mit Honig und bestreut mit Mohn. Heiße Bratwürste gab es, auf silbernem Grill, darunter syrische Pflaumen mit Granatapfelkernen.

Wir genossen diese prächtigen Speisen, als Musik erklang und man nun Trimalchio selbst hereinbrachte, der sofort unter einem wahren Berg von Kissen beinahe verschwand, so dass wir lachen mussten, ohne es zu wollen: Aus seinem roten Umhang schaute nur sein glatt rasierter Schädel heraus, und um seinen gut eingepackten Hals hatte man ihm noch ein Tuch gelegt, mit einem breitem Streifen aus Purpur und herunterhängenden Fransen. Am kleinen Finger der linken Hand trug er einen großen vergoldeten Ring und am äußersten Glied des Fingers daneben einen kleineren ganz aus Gold, wie mir schien, mit kleinen eisernen Sternen daran. Den rechten Arm trug er unbedeckt, um uns noch mehr Reichtum zu zeigen: ein goldenes Armband war daran und ein Reifen aus Elfenbein mit einem Verschluss aus glänzendem Metall.

Nachdem er sich mit einer silbernen Feder in den Zähnen herumgestochert hatte, sagte er: „Freunde, eigentlich war ich noch nicht bereit, ins Speisezimmer zu kommen, aber ich wollte euch meine Anwesenheit nicht länger versagen und habe stattdessen mir Spiel und Spaß versagt. Dennoch gestattet mir, noch eben zu Ende zu spielen." Ein Sklave trat ein, mit einem Spielbrett aus teurem Holz und Würfeln aus Bergkristall, und ich bemerkte wiederum ein Zeichen seines exquisiten Geschmacks – denn die Spielsteine waren nicht schwarz und weiß, sondern aus Gold und aus Silber. Während Trimalchio beim Spiel nacheinander mit allen Wörtern der Gossensprache um sich warf und wir noch bei der Vorspeise waren, wurde ein Korb aufgetragen, in dem eine hölzerne Henne saß, die Flügel um sich gespreizt, als würde sie gerade brüten. Wilde Musik erklang, und zwei Sklaven begannen das Stroh im Korb zu durchsuchen. Sie brachten Pfaueneier ans Tageslicht und gaben sie an die Gäste weiter. Trimalchio beobachtete und sagte dann: „Freunde, ich habe angeordnet, der Henne Pfaueneier unterzulegen. Und, beim Herkules, ich fürchte, die Henne hat sie schon angebrütet. Dennoch wollen wir versuchen, ob man sie noch schlürfen kann!" Man gab uns Löffel, die ein gutes halbes Pfund wogen, und klopften auf die Eierschalen, die aus gebackenem Teig bestanden. Ich hätte meines beinahe fortgetan, denn mir schien der Dotter schon zum Küken geworden zu sein, aber da hörte ich einen der älteren und erfahreneren Gäste sagen: „Das hier ist etwas ganz Feines." Ich folgte seinem Beispiel, griff in die Schale und fand eine fette Feigendrossel vor, gebacken in gepfeffertem Dotter.

[Petr., Sat. 31.3–33.8]

löst als Einzeltext herausgegeben worden, unter dem Titel *Cena Trimalchionis* („Essen bei Trimalchio"). Er trifft außerdem zahlreiche Menschen und erlebt noch eine abenteuerliche Schiffsfahrt und einen Schiffbruch.

Petron ist dabei nicht nur ein genauer Beobachter der Verhältnisse: Es tauchen viele verschiedene Personen auf, die aus allen Gesellschaftsschichten stammen. Und wie später Mark Twain vermag er es äußerst genau, die Sprech- und Ausdrucksweise in den Dialogen den Sprechern, ihrer sozialen Stellung und Herkunft anzupassen. Besonders beim „Essen bei Trimalchio" ist dies interessant: Die Stellen, an denen sich die Freigelassenen unterhalten, sind die einzige erhaltene Quelle für die lateinische Umgangssprache.

Quo Vadis – Petrons Abschied von Nero

Eine der wohl beeindruckendsten und eindringlichsten Stellen in Sienkiewicz' Quo Vadis ist Petrons Absage an Kaiser Nero; ein Brief, den er im Roman im Kreise seiner Freunde verliest und damit gleichzeitig seinen Freitod ankündigt – und der im Wortlaut Tacitus (s. o.) aufgreift.

Ich weiß, mein Kaiser, daß du meine Ankunft mit Ungeduld erwartest, und daß dein treues Freundesherz Tag und Nacht nach mir schmachtet. Ich weiß, du willst mich mit Liebesgaben überschütten, mich zum Präfekten der Prätorianer ernennen, den Tegellinus aber zu dem machen, wozu ihn die Götter bestimmten, zu einem Mauleselhüter. Doch ich schwöre dir beim Hades und den darin befindlichen Schatten deiner Mutter, deiner Gattin, deines Bruders und Senekas, daß ich nicht mehr zu dir kommen kann. Das Leben ist ein zu kostbarer Schatz, ich habe es verstanden, die wertvollsten Juwelen daraus für mich auszuwählen. Aber es gibt einiges im Leben, was ich nicht ertragen kann! Glaube aber niemals, daß ich darüber verstimmt bin, daß du deine Mutter, deinen Bruder und deine Gattin umgebracht, Rom niedergebrannt und alle ehrbaren Menschen deines Reiches in die Unterwelt geschickt hast. Aber meine Ohren noch länger durch deinen Gesang beleidigen zu lassen, beim Tanz deinen Domitiusbauch auf den dürren Beinen anzusehen, dein Spiel, deine Deklamation und deine Gedichte anhören zu müssen, du armer Vorstadtpoet, das übersteigt meine Kräfte und weckt in mir die Sehnsucht nach dem Tode! Rom verstopft sich die Ohren, wenn es dich hört, die Welt verlacht dich, ich aber kann nicht mehr länger für dich erröten! Lebe wohl, aber singe nicht, morde, aber mache keine Verse, vergifte, aber tanze nicht, zünde Städte an, aber schlage nicht die Zither: Das wünscht dir und den letzten freundschaftlichen Rat erteilt dir der Arbiter elegantiarum!
Die Gäste waren starr vor Schrecken, denn sie wußten, daß der Verlust seines Reiches für den Kaiser kein so grausamer Schlag sein würde, als dieser Brief. Auch wußten sie, daß der Mann, der diesen Brief geschrieben, sterben müsse, und der Gedanke allein, solche Worte angehört zu haben, überlief sie eiskalt, Petronius aber lachte, so laut und herzlich, als handle es sich um einen lustigen Scherz.
»Freuet euch, aber ängstigt euch nicht! Ihr braucht euch ja dessen nicht zu rühmen, den Inhalt dieses Briefes zu kennen.« Darauf winkte er seinem Arzte Theokles und hielt ihm den Arm hin. Der behende Grieche umwickelte nun den Arm mit einem Goldband und öffnete im Handgelenk die Adern. Das Blut spritzte hoch auf, über die Purpurkissen, über Eunike, die sich über Petronius neigte und seinen Kopf hielt.

Wie ist das alles überliefert worden?

Wie erwähnt, sind auch hier leider nur Teile erhalten. Dass ausgerechnet das „Essen bei Trimalchio" überlebt hat, verwundert kaum, denn es ist als Einzelkomposition ein wahres Schmuckstück – und selbst „heidnische" Bücher vernichtende Christen werden an dieser (ja durchaus romkritischen) Stelle Gefallen gefunden haben.

Was bleibt?

Genau wie Lucan und Seneca spielt Petron eine zwar kleine, aber dennoch wichtige Rolle in Henry Sienkiewicz' Roman *Quo Vadis* (1896). In dessen Verfilmung (USA 1951) wird Petron vom britischen Schauspieler Leo Genn („Moby Dick", „Der längste Tag") verkörpert, dem der Film (wie Peter Ustinov) eine Oscar-Nominierung einbrachte.

Was *Satyricon* betrifft, so kann man den Roman als Vorläufer des „Schelmenromans" bezeichnen – des Abenteuerromans mit dem bauernschlauen Helden als Erzähler, dessen Erlebnisse und Begegnungen mit Arm und Reich die gesellschaftlichen Verhältnisse spiegeln. Wichtigster Vertreter dieser Gattung in der deutschen Literatur ist Hans J. Chr. von Grimmelshausens *Der Abentheuerliche Simplicissimus Teutsch* (1668), dazu zählen aber auch noch viele spätere Werke, die in der Tradition des „Simplicissimus" stehen – am bekanntesten wohl Thomas Manns *Bekenntnisse des Hochstaplers Felix Krull* (1954) und Günter Grass' *Blechtrommel* (1959).

Die bekannteste direkte moderne Rezeption ist sicherlich Federico Fellinis *Satyricon* (1969). Fellinis Skandalfilm zeigt in einer herrlich ausgestatteten Szene das „Gastmahl des Trimalchio" aus der literarischen Vorlage (leider nicht, wie zunächst geplant, mit Gert Fröbe als Trimalchio, sondern mit dem wenig bekannten Mario Romagnoli): Das Gastmahl wird bei Fellini zum absoluten Sinnbild römischer Dekadenz.

Diese Szene ist wiederum (optisch) aufgegriffen in Goscinny/Uderzos „Asterix bei den Schweizern" (*Astérix chez les Helvètes*, 1970). Hier ist es der Statthalter von Condate (dem heutigen Rennes), Agrippus Virus, der u. a. „in Auerochsfett gebratene Schweinskaldaunen" servieren lässt („… mit Honig!").

Der Naturforscher und der Vulkan

Plinius d. Ä.

Name: **Gaius Plinius Secundus Maior**
Lebensdaten: **(ca. 23/24–24. August 79 n. Chr.)**
Literarische Gattung: **Lehrwerke, Geschichtsschreibung**
Werke: **„Naturgeschichte" *(Naturalis historia)* u. a.**

Eingeweihte kennen dieses Todesdatum: Der 24. August des Jahres 79 n. Chr. war der Tag, als der Vesuv ausbrach und die Städte Pompeji und Herculaneum unter einer meterdicken Ascheschicht begrub. Tausende starben, darunter Plinius d. Ä., ein Naturforscher, dem sein Forschergeist und seine Neugier das Leben kosteten: Schon mehrere Stunden hatte man die seltsame Rauchwolke beobachtet, die vom Vesuv aufstieg; er wollte aber ganz genau wissen, was dort vor sich ging, und machte sich auf den Weg dorthin, woher viele andere bereits flohen … Mit dem älteren Plinius verlor die römische Welt eine der prominentesten literarischen Figuren ihrer Zeit, die durch ihr Hauptwerk bis in die Neuzeit einflussreich blieb.

Wer war das?

Gaius Plinius Secundus stammte aus einer reichen Familie, die dem Ritterstand angehörte. Er wurde in Novum Comum (dem heutigen Como) geboren und kam zur Ausbildung nach Rom, wo er sich mit dem Tragödiendichter und Militär Pomponius Secundus anfreundete. Stärker beeinflussten ihn aber seine Besuche bei einem befreundeten alten Freigelassenen, dem Griechen Antonius Castor, der einen privaten botanischen Garten pflegte. Plinius interessierte sich auch für Philosophie, schlug aber zunächst die militärische Laufbahn ein, war Reiteroffizier und Militärtribun (unter Pomponius in Obergermanien), bis er sich in Rom und Novum Comum als Anwalt niederließ. Erst als Vespasian Nero (den Plinius „Feind der Menschheit" nennt) als Kaiser ablöste, verfolgte Plinius die Militärkarriere weiter – im Jahre 73 n. Chr. als Prokurator in Hispanien, später besuchte er noch Gallien und Afrika, wobei jedoch unklar ist, ob in offizieller Funktion. Was wir hingegen genau wissen, ist, dass er im Jahre 79 n. Chr. Kommandant der kaiserlichen Flotte im Thyrrenischen Meer war. Seine letzten Stunden schildert sehr eindringlich sein Neffe, Plinius d. J., den er nach dem Tod seiner Schwester adoptierte, in einem berühmten Brief (s. S. 154 f.).

Homini plurima ex homine sunt mala.
„Das meiste Unglück des Menschen verursacht der Mensch."

Was schrieb er?

Das meiste ist verloren – so u. a. eine Biografie seines Freundes Pomponius, eine ausführliche Darstellung der Kriege gegen die Germanen (von Tacitus zitiert) und eine Abhandlung über das Speerwerfen vom Pferd aus sowie ein grammatisches und ein rhetorisches Lehrwerk. Erhalten geblieben ist sein Hauptwerk: die „Naturgeschichte" (*Naturalis historia*).

Die „Naturgeschichte" ist eines der umfangreichsten vollständig erhaltenen Werke der römischen Antike und zugleich die ausführlichste lateinische Sammlung von fremdem Wissen aus dem Bereich Natur (-wissenschaft). Im ersten der 37 Bücher, dem Kaiser Vespasian gewidmet, nennt Plinius sein komplettes Inhaltsverzeichnis: Von den Elemen-

Diese Radierung von G. Mochetti (angefertigt nach einer Zeichnung von Bartolomeo Pinelli, 1781–1835) aus dessen Bilderfolge Istoria Romana soll den Tod Plinius' d. Ä. beim Ausbruch des Vesuv 79 n.Chr. darstellen – freilich ein wenig anders, als sein Neffe die Szene schildert (s. S. 154 f.).

ten und Himmelskörpern (Buch 2) geht die Reise über die Geografie (3–6), den Menschen und seine Erfindungen (7), die Zoologie (8–11), Botanik (12–21), über aus Pflanzen, Menschen und Tieren gewonnene Medizin und Magie (22–32) bis hin zu Mineralien, Metallen und Edelsteinen (33–37). Was für einen antiken Schriftsteller jedoch ganz und gar außergewöhnlich ist: Er führt 470 Autoren an, bei denen er sich bedient hat (nur ein Drittel davon sind Römer), und zwar in der Reihenfolge ihrer Verwendung in den einzelnen Büchern. Dass sich Fachschriftstellerei und Geschichtsschreibung fremder Quellen bediente, war gang und gäbe, aber dass jemand so gewissenhaft seine Quellen zusammenstellte und offenbarte, finden wir nur bei Plinius d. Ä.

Plinius schreibt jedoch nicht einfach nur wahllos ab und stellt zusammen, was er findet: Immer wieder merkt man, wie er versucht, das, was er beschreibt, auf den Menschen und seine Lebensumstände zu beziehen. Am deutlichsten ist dies bei den umfangreichen Beschreibungen der Medizin und dem, was die Natur an medizinisch Nützlichem hervorbringt. Aber auch z. B. die Beschreibung der Gesteine und der Mineralien, aus denen Farben gewonnen werden, führt ihn unweigerlich zu dem, was dem Mensch Farben und Marmor nützen: den Bildenden Künsten und der Malerei.

Dass ihm hin und wieder sachliche Fehler unterlaufen, ist zu erwarten, weil man vieles damals einfach nicht besser wusste. Das Werk ist für spätere Zeiten vor allem insofern interessant gewesen, als es einen exakten Überblick darüber gibt, auf welchem Stand die verschiedenen Disziplinen der Naturwissenschaften und Medizin im 1. Jh. n. Chr. waren – und weil Plinius zahllose Autoren zitiert, deren Werke verloren sind. Sprachlich gibt es keine auffallenden Besonderheiten, Plinius orientiert sich oft sehr stark an seinen Quellen, der Stil ist demzufolge recht heterogen. Dennoch war die Bedeutung der „Naturgeschichte" schon zu ihrer Zeit immens, und das wusste auch ihr Schöpfer, der das Vorwort selbstbewusst mit den Worten beginnt: „Dieses Werk über Naturgeschichte ist ein Novum in der römischen Literatur."

Wie ist das alles überliefert worden?

Plinius' „Naturgeschichte" war so beliebt, dass sie seit seiner Lebenszeit quasi ständig und überall auftauchte, um gelesen, abgeschrieben und verarbeitet zu werden. Es sind über 200 mittelalterliche Handschriften erhalten. Dabei gehen die ältesten Handschriften und Palimpseste bis ins 5./6. Jh. zurück – der große Umfang des Werkes führte jedoch damals dazu, dass immer wieder hier und da Teile und Exzerpte auftauchten; von den älteren Handschriften enthält keine den gesamten Text. Die große Verbreitung Plinius' d. Ä. im Mittelalter hängt u. a. damit zusammen, dass man im Mittelalter in Europa kein Griechisch mehr verstand – viele (natur-)wissenschaftliche Texte aus dem alten Griechenland, wie die des Aristoteles oder Hippokrates, wurden in dieser Zeit nur in der arabischen Welt weiter abgeschrieben, natürlich ins Arabische übersetzt. Eine ganze Reihe dieser Texte ist heute überhaupt nur noch auf Arabisch erhalten.

Auch in der Neuzeit blieb Plinius d. Ä. äußerst beliebt: Bis 1800 erschienen mindestens 200 verschiedene Ausgaben der „Naturgeschichte", und Georges Louis Marie Leclerc de Buffon, der berühmte französische Naturforscher des 18. Jhs., war stolz darauf, als der „französische Plinius" betitelt zu werden.

Ich habe die Sumpfpflanzen noch nicht behandelt und auch nicht die Pflanzen, die am Flussufer wachsen; bevor wir aber Ägypten verlassen, müssen wir noch den Papyrus ansprechen. Denn es steht fest, dass das aus ihm gewonnene Papier von äußerstem Nutzen für die Menschheit ist, wenn es um die Bewahrung der Erinnerung geht. Marcus Varro schreibt, Alexander der Große habe den Papyrus entdeckt, zu jener Zeit, als er in Ägypten die Stadt Alexandria gründete. Vorher hatte man noch keinen benutzt: Zuerst hatte man auf Palmblättern geschrieben, danach auf der Rinde bestimmter Bäume. Später ritzte man öffentliche Dokumente in Bleitafeln ein, private schrieb man auf Leintücher oder Wachstafeln. Bei Homer findet man den Hinweis, dass schon in der Zeit vor dem Trojanischen Krieg solche Tafeln benutzt wurden.

[Plin., Nat. hist. 13.21]

*

Es gibt mehrere Arten von Wermut: den santonischen, benannt nach einer Stadt in Gallien, den pontischen Wermut vom Schwarzen Meer, wo das Vieh daran fett wird und deshalb keine Galle mehr besitzt, und es gibt keinen besseren als diesen; der italienische Wermut ist ziemlich bitter, während das Mark des pontischen süß ist.

Man ist sich einig darüber, wie sie zu verwenden ist, diese sehr leicht zu findende und äußerst nützliche Pflanze, die zudem bei den religiösen Zeremonien der Römer zu Ehren kommt, wenn bei den Latinischen Festtagen beim Wagenrennen die Quadrigen um die Wette fahren und der Sieger auf dem Capitol Absinth zu trinken bekommt – unsere Vorfahren dachten, so glaube ich, dass es ein ehrenvoller Preis sei, der Gesundheit zu dienen.

Wermut stärkt den Magen, und deshalb wird sein Saft in Wein hineingerührt (wie beschrieben). Man kocht ihn auch und trinkt ihn dann mit Wasser. Sechs Drachmen wert an Blättern kocht man in drei Sextarien Regenwasser auf und lässt das Ganze dann einen Tag und eine Nacht lang abkühlen. Althergebracht ist auch die Sitte, noch ein wenig Salz hinzuzugeben.

[Plin., Nat. hist. 27.28]

Was bleibt?

Erste Übersetzungen der Schriften Plinius' d. Ä. entstanden in der Humanistenzeit, so die des Heinrich von Eppendorff (*Plinii Natürlicher History fünff Bücher*, Straßburg 1543) und eine von Johann Heyden, illustriert mit über 200 Holzschnitten (Frankfurt am Main 1565). Die Übersetzung Heydens ist besonders interessant. Sie trägt den schön barocken Titel:

Caij Plinij Secundi, Des fürtrefflichen Hochgelehrten Alten Philosophi, Bücher vnd schrifften, von der Natur, art vnd eigenschafft der Creaturen oder Geschöpffe Gottes: Als nemlich: Von den Menschen, jrer Geburt, Aufferziehung, Gestalt, Wandel, Gebreuchen, Künsten, Handtierung, Leben, Kranckheit, Sterben, Begrebniß; Mit einem zusatz auß H. Göttlicher Schrifft, vnd den alten Lehrern der Christlichen Kirchen, so viel sie von der Thier, Fisch, Vögel vnd Würm Natur melden; Sampt vil schönen kurtzweiligen Historien, auß allerley andern Scribenten, damit die Beschreibung der Natur aller vermeldten Geschöpff Gottes bezeuget, vnd als gewiß erfahren wirt.

Wie der Titel verrät, ist die Übersetzung religiös motiviert und mit Bibelkommentaren angereichert: Die naturwissenschaftlichen Beschreibungen Plinius' sollen den Gläubigen z. B. helfen, die biblischen Gleichnisse nachzuvollziehen bzw. zu verstehen.

Außerdem hat Plinius d. Ä. etwas ganz Besonderes gemein mit dem Geißbock des 1. FC Köln, der US-Rockband Green Day und Thomas Jefferson: Er gehört zu der nicht allzu großen Zahl Nicht-Botaniker, nach denen eine Pflanze benannt wurde – die Gattung *Plinia*, die zu den Myrthengewächsen gehört. Und auch ein 1960 entdeckter Asteroid trägt den Namen „Plinius" (ob nach dem Jüngeren oder Älteren benannt, ist nicht ganz klar – aber die „Naturgeschichte" lässt doch den Älteren wahrscheinlicher erscheinen).

Wein und Salz

Auch Plinius d. Ä. ist einer jener Autoren, auf die eine Reihe **Sinnsprüche** und Ausdrücke zurückgehen, die auch heute noch verwendet werden:

- *in vino veritas* – „Im Wein liegt Wahrheit."
- *cum grano salis* (eigentlich: *addito salis grano*) – „mit einem Körnchen Salz" (d. h. „mit einem Augenzwinkern")
- *sutor, ne supra crepidam!* (eigentlich: *ne supra crepidam sutor*) – „Schuster, bleib bei deinem Leisten!"
- *pons asini* – „Eselsbrücke"

Schreibverbot und Tyrannenmord

Lucan

Name: **Marcus Annaeus Lucanus**
Lebensdaten: **3. November 39–30. April 65 n. Chr.**
Literarische Gattung: **Dichtung**
Werke: **„Gedicht über die Schlacht bei Pharsalos"** *(Pharsalia)* u. a.

Ein außergewöhnlicher Dichter, ein außergewöhnliches Schicksal und ein außergewöhnliches Nachleben: Lucan ist heute im öffentlichen Bewusstsein kaum noch präsent. Er ist zu schwer für den Schulunterricht, das Thema seines Hauptwerks eher speziell – kaum zu glauben, dass er vor 1000 Jahren als einer der größten römischen Dichter galt. Dabei wurde er nur 25 Jahre alt.

Wer war das?

Marcus Annaeus Lucanus stammte aus dem hispanischen Corduba (dem heutigen Córdoba), die Familie zog aber bereits kurz nach seiner Geburt nach Rom. Sein Vater war der Bruder des Philosophen Seneca. Nach seiner Ausbildung begab er sich auf den obligatorischen Studienaufenthalt nach Athen, wurde noch von dort aus an den kaiserlichen Hof berufen und von Nero unter dessen Fittiche genommen. Lucan wurde Quästor und Augur, obwohl er von Rechts wegen noch zu jung für diese Ämter war. Im Jahre 60 n. Chr. gewann er bei den „Nero-Festspielen" einen Preis für das beste Loblied auf Kaiser Nero (mit 20 Jahren!) und veröffentlichte die ersten drei Bücher seines großen Epos. – Doch dann muss etwas passiert sein, mit dem er den Neid und Zorn des Kaisers auf sich zog. Sueton schreibt, er habe ein Spottgedicht auf Nero verfasst, vielleicht war der Kaiser aber auch nur neidisch auf Lucans schriftstellerisches Talent. Die Folge: Lucan durfte nicht mehr schreiben, nicht mehr vor Publikum auftreten und nichts mehr veröffentlichen.

Im Jahre 65 n. Chr. schloss er sich im Alter von 25 Jahren der sog. „Pisonischen Verschwörung" an. Die um den Republikaner C. Calpurnius Piso versammelten Verschwörer wollten das Verhalten des künstlerisch ambitionierten Kaisers Nero nicht weiter tolerieren, der seit der Ermordung seiner Mutter Agrippina immer ausgefalleneren und kost-

Nero – ein Wahnsinniger auf dem Thron?

Nero wurde mit 12 Jahren von Kaiser Claudius adoptiert, mit 14 gleichzeitig **für volljährig erklärt** sowie zum Prokonsul und zum Senator ernannt und mit 16 mit der Tochter seines Adoptivvaters verheiratet. Bekannt ist Nero vor allem durch die **Christenverfolgung**, als verhindertes **musikalisch-dichterisches „Genie"** und als der Kaiser, der Rom durch seine Prätoren hat anzünden lassen, um Platz für seine großen neuen Prachtbauten zu schaffen. Inwieweit er schließlich dem „Cäsarenwahn" zum Opfer fiel, ist heute jedoch umstrittener denn je. Zumindest der **große Brand** von 64 n. Chr. geht wohl nicht auf sein Konto, wie man heute annimmt – auch wenn Sueton berichtet, Nero habe ihn legen lassen (und vielleicht auch Lucan – zumindest ist der Titel eines Werks von ihm überliefert, das hieß: „Über das Anzünden des Erdkreises" – *De incendio orbis*). Dass Nero im Jahre 59 n. Chr. seine eigene Mutter hat **umbringen** lassen, ist allerdings unbezweifelt. Die grandiose und Oscar-nominierte Nero-Darstellung Peter Ustinovs in Mervyn LeRoys Film *Quo Vadis* (1951) – man denke nur an die **Tränenamphore** – mag trotz allem nahe an die Realität herankommen.

spieligeren Hobbys frönte, die gegen jegliche Sitte und Tradition verstießen, und dem man zudem zahlreiche Verbrechen nachsagte – nicht zuletzt mehrfachen Mord und Brandstiftung.

Die Verschwörer wurden verraten, auch Lucan, den man (wie seinen Onkel Seneca und letztlich auch den Schriftsteller Petron) zwang, sich umzubringen. Lucan schnitt sich die Pulsadern auf – allerdings erst, nachdem er noch einige Mitverschwörer verraten und sogar seine eigene Mutter ans Messer geliefert hatte. Auch in *Quo Vadis* wird die Verschwörung thematisiert: Im Film wird Lucan von Alfredo Varelli dargestellt, der später in Sandalen-Filmen wie „Ursus im Reich der Amazonen" oder „Spartacus und die 10 Gladiatoren" zu sehen war.

Dichter oder nicht?

Unter vielen von Lucans Zeitgenossen war die Meinung verbreitet, er sei weniger ein Dichter als vielmehr **„nur" ein Historiker**, der in Versen schreibe. Diesen Umstand hat Martial in einem seiner Epigramme verewigt:

> Lucan
> Es gibt Leute, die sagen, dass ich kein Dichter bin.
> Doch der Buchhändler, der mich verkauft, der glaubt es.

Geschickt spielt Martial hier mit zwei Bedeutungs- bzw. Wertungsebenen des Wortes „Dichter" – und konnte ihm das Urteil der einen nicht auch wirklich egal sein, wenn doch genug der anderen seine Bücher kauften? Zumindest den **Buchhändler** wird dies kaum gekümmert haben.

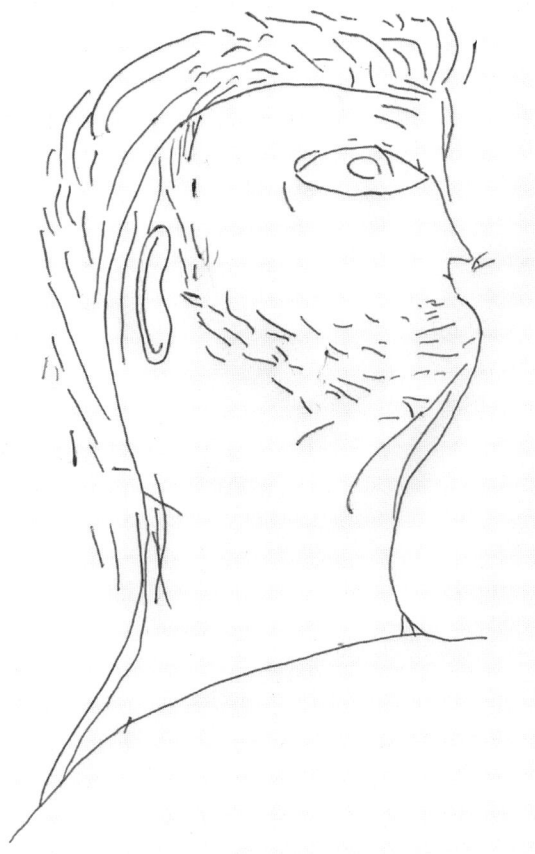

Kaiser Nero auf einem anonymen Graffito, das im Tiberiuspalast in Rom entdeckt wurde. Es heißt, Lucan habe sich der sog. Pisonischen Verschwörung gegen Nero angeschlossen und sei nach Aufdeckung der Verschwörung vom Kaiser zum Selbstmord gezwungen worden.

Was schrieb er?

Lucan war ein äußerst produktiver Dichter. Bekannt sind die Titel von einem Dutzend Werken, von der Tragödie über epische Gedichte bis zu einer Sammlung kurzer Epigramme. Überliefert aber ist nur Lucans Hauptwerk, die *Pharsalia* – ein Epos über den Bürgerkrieg zwischen Caesar und Pompeius. Es ist auch unter dem Titel *Bellum civile*, also „Bürgerkrieg" überliefert; der populärere Titel *Pharsalia* bezieht sich auf eine zentrale Stelle: die Seeschlacht bei Pharsalos, bei der am 9. August 48 v. Chr. der zahlenmäßig unterlegene Caesar gegen Pompeius den Sieg davontrug.

Die *Pharsalia* blieben unvollendet und der Hauptteil wurde postum veröffentlicht – man sagt, er habe im Sterben noch daraus zitiert.

Das Bemerkenswerteste an den *Pharsalia* ist wohl die Darstellung Caesars als gewissenloser Tyrann. Sein Sieg bei Pharsalos verkehrt die jüngere römische Historie und ihre weitere Entwicklung über das Prinzipat in eine Geschichte des Unrechts. Dies wird bereits am Anfang des Werkes deutlich, durch einen berühmt gewordenen Ausspruch, den Lucan dem Erzrepublikaner und Gegner Caesars Cato d. J. (einem Urenkel des alten Cato) in den Mund legt: „Die siegreiche Sache gefiel den Göttern, die besiegte dem Cato." Aufgrund dieses Geschichtsbilds hat man Lucans Dichtung und seine Haltung darin später oft als zynisch-ironisch angesehen, was jedoch zumindest fragwürdig ist.

Victrix causa deis placuit, sed victa Catoni.
„Die siegreiche Sache gefiel den Göttern, die besiegte dem Cato."

Aus Lucans negativem Geschichtsbild ergibt sich eine weitere Besonderheit: Es fehlen die Götter, die im klassisch-homerischen Epos die Handlungen der Menschen motivieren. Aufgrund dessen wurde Lucans Epos bis in die Spätantike oftmals der Charakter der Dichtung abgesprochen, und man bezeichnete es lediglich als Geschichtswerk. Dabei orientiert sich Lucan im Aufbau deutlich an Vergils *Aeneis*. Zudem ist sein Stil äußerst anspruchsvoll, wird oft sogar als maniriert bezeichnet – die Stilmittel geben sich die Klinke in die Hand, er schreibt mit großem Pathos und verwirrt mitunter durch antithetische und paradoxe Darstellungen.

Dass neue Triumphe die alten schließlich überschatten und man
Vom Sieg über die Piraten nicht mehr spricht, nur noch von Galliens Eroberung,
Das, Pompeius, fürchtetest du; deine Erfahrung und dein Glück
Ertragen keinen zweiten Platz; und auch Caesar kann nicht ertragen,
Mit Pompeius nur gleichzuziehen. Wer Recht hatte, die Waffen aufzunehmen,
Kann niemand wissen: Man hüte sich, hier Richter zu spielen;
Die siegreiche Sache gefiel den Göttern, die besiegte dem Cato.
Ungleich waren die Seiten: Der eine, im zivilen, friedlichen Leben alt geworden,
War ungeübt im Kriegshandwerk; er suchte den Ruhm,
Tat viel für das Volk, erfreute sich am Applaus im von ihm erbauten Theater,
Aber vergaß, seine Kraft zu erneuern und verließ sich
Auf seine alten Erfolge. Er steht im Schatten seines „großen" Namens [= Magnus];
Wie eine hohe Eiche auf dem Früchte tragenden Acker,
Die fürs alte Volk die geheiligten Geschenke der
Führer trägt und noch mit starken Wurzeln in der Erde steckt,

Sich selbst durch ihr Gewicht niederdrückt, die nackten Zweige gen Himmel reckt,
Schatten durch ihren Stamm gibt, nicht durch ihre Blätter –
Doch so sehr sie sich schon stark unter dem Ostwind neigt,
Hält sie doch durch ihr starkes Holz ihren Platz im Wald,
Und doch steht sie allein. Caesar hatte einen solchen Namen nicht
Und auch nicht solchen Ruhm, doch eine Leidenschaft, die nicht an einem
Ort verweilen konnte. Die nur eine Schande kannte: im Krieg nicht zu gewinnen.

[Luc., Phars. 1.121–145]

Wie ist das alles überliefert worden?

Von Lucan hat nicht viel überlebt, einzig die *Pharsalia* sind erhalten geblieben. Dafür ist dieses Werk allerdings auch besonders gut überliefert. Erhalten sind über 150 mittelalterliche Manuskripte und drei Palimpseste; einige der Exemplare sollen noch direkt auf antike Ausgaben zurückgehen, vielleicht sogar bis in die Zeit Neros.

Was bleibt?

Von der Zeit nach Nero bis ins hohe Mittelalter hinein galt Lucan als einer der größten römischen Dichter – ein Urteil, das im krassen Gegensatz zu seiner (mangelnden) Bekanntheit und Beliebtheit in der Moderne steht, aber zumindest dafür gesorgt hat, dass sein Hauptwerk überlebt hat. Immerhin zählt noch Dante in der „Göttlichen Komödie" Lucan neben Homer und Vergil als einen der herausragenden Dichter der Antike auf. Und hier taucht auch eine Figur aus Lucans Werk auf: die thessalische Hexe Erichtho, von der Vergil Dante berichtet, sie habe ihn gezwungen, eine Seele aus der Hölle heraufzuholen. Erichtho begegnen wir schließlich noch in Goethes „Klassischer Walpurgisnacht", wo sie mit ihrer Rede den Hexensabbat eröffnet – und an ihre Zeit erinnert, als sie (eben bei Lucan) Caesar und Pompeius in die Schlacht begleitete:

> Zum Schauderfeste dieser Nacht, wie öfter schon,
> Tret' ich einher, Erichtho, ich, die düstere;
> Nicht so abscheulich, wie die leidigen Dichter mich
> Im Übermaß verlästern ... Endigen sie doch nie
> In Lob und Tadel ... überbleicht erscheint mir schon
> Von grauer Zelten Woge weit das Tal dahin,
> Als Nachgesicht der sorg- und grauenvollsten Nacht. […]
> Hier träumte Magnus früher Größe Blütentag,
> Dem schwanken Zünglein lauschend wachte Cäsar dort!
> Das wird sich messen. Weiß die Welt doch, wem's gelang.

Meister der Kurzform

Martial

Name: **Marcus Valerius Martialis**
Lebensdaten: **38/40–102/104 n. Chr.**
Literarische Gattung: **Kleindichtung**
Werke: **Epigramme**

Martial schrieb Gedichte, die noch 100 Jahre vor seiner Zeit in keinster Weise als Literatur angesehen worden waren – vor allem aufgrund ihrer Kürze. Und doch perfektionierte er in 15 Büchern ein Genre, in dem er bis in die Moderne ein Vorbild blieb.

Wer war das?

Das Wenige, das wir über Marcus Valerius Martialis wissen, stammt aus seinen eigenen Gedichten – und aus einem Nachruf von Plinius d. J. (s. u.). Martial wurde in der römischen Provinz *Hispania Tarraconensis* geboren, also im Norden Spaniens, in Bilbilis (nahe dem heutigen Calatayud). Mit Mitte Zwanzig ging er nach Rom, wo es aber noch über 15 Jahre lang dauerte, bis er sein erstes Werk veröffentlichte. Dann wurde er schnell bekannt, zählte Plinius d. J., Seneca, Juvenal u. a. zu seinen Freunden und wurde sogar von den Kaisern Titus und Domitian gefördert. Martial verbrachte 35 Jahre in Rom, bis er 98 n. Chr. in seine Heimat zurückkehrte. Dort starb er mit über 60 Jahren.

Nachruf in Briefform – Plinius über Martial

Einer der prominenten Freunde Martials war Plinius d. J. In einem seiner Kunstbriefe erinnert er an seinen jüngst verstorbenen Freund:

Mein lieber Cornelius Priscus,
wie ich höre, ist Martial gestorben, und das macht mich traurig. Er war begabt, scharfsinnig, scharfzüngig, und beim Schreiben bewies er viel Humor, aber ebenso viel Galle und Aufrichtigkeit. Als er aus Rom fortging, gab ich ihm noch Geld für die Reise – wegen unserer Freundschaft, aber auch als Dank für die Verse, die er auf mich gedichtet hat. Bei unseren Vorfahren gab es die Sitte, diejenigen, die in ihren Schriften Einzelne oder Städte lobten, durch Ehrungen oder Geld auszuzeichnen; heute ist dieser schöne Brauch – wie viele andere auch – untergegangen. […] Was kann einem Menschen Größeres beschert werden als Ruhm und Lob in Ewigkeit? – Nun, die Verse, die er geschrieben hat, werden vielleicht nicht für immer währen. Das vielleicht nicht: Aber als er sie schrieb, da glaubte er, sie würden. Leb wohl!

Das Epigramm – kurz und pointiert

„Und was ist dieses hier? Was hat das witzigste Sinngedicht eines Martial mit der trocknesten Aufschrift eines alten Denkmahls gemein, so daß beyde bey einem Volke, dessen Sprache wohl am wenigsten unter allen Sprachen dem Zufalle überlassen war, einerley Namen führen konnten?"

Gotthold Ephraim Lessing

Der griechische Begriff *epígramma* („darauf-Geschriebenes") bezeichnete ursprünglich, wie der Name ja schon sagt, eine **Inschrift**, genauer gesagt: eine Inschrift auf einer Grabstätte oder einem Gefäß – das war jedoch noch im vorklassischen Griechenland. Etwa ab dem 6. Jh. v. Chr. verfasste man Epigramme zumeist in einem Versmaß, das man heute als „elegisches Distichon" bezeichnet (s. S. 94). Im 5. Jh. v. Chr. erlebte das Epigramm in Athen eine **erste Blütezeit**: Der Krieg mit den Persern und bald auch auf der Peloponnes brachte eine große Nachfrage nach Inschriften, insbesondere Grabinschriften mit sich, die z. T. vom Staat in Auftrag gegeben wurden. Wie es die Umstände bedingten, war das Epigramm ein ziemlich kurzes Gedicht – auf einen Grabstein passen nun einmal nur wenige Verse. Bald darauf „verließ" das griechische Epigramm jedoch die Grabmäler und **wurde literarisch**; zu seinen stilistischen Merkmalen gehörten (neben der Kürze von meist zwei bis acht Versen) eine oft ganz private, manchmal sogar obszöne Thematik und eine starke **Pointierung**: Oft steckt im letzten Vers oder sogar im letzten Wort eine überraschende Wendung, die mitunter sogar die ganze Bedeutung des (bisherigen) Gedichtes umdreht – ähnlich einem modernen Witz.

Die höchste künstlerische Stufe erreichte das griechische Epigramm beim Philologen-Dichter Kallimachos aus Alexandria. Bis das Epigramm in Rom heimisch wurde, dauerte es aber noch einmal zweihundert Jahre: Catull war der **erste prominente** römische Dichter, der solche kurzen Gedichte verfasste – was man zunächst in Rom allerdings kaum als Literatur ansah (auch wenn Catulls Epigramme auf einer sehr hohen künstlerischen Stufe stehen, obgleich man es ihnen oft kaum ansieht). Weitere hundert Jahre später fand das lateinische Epigramm schließlich seinen Meister: Martial.

Was schrieb er?

Martial schrieb Epigramme. Diese kurzen Gedichte, die ursprünglich aus Griechenland stammen, sind wahrlich eine Kunstform für sich (s. o.). Auch Catull hat eine Vielzahl Epigramme hinterlassen, doch bei Martial sind es über 1200 Stück; es besteht kein Zweifel daran, dass er die Kunst, in wenigen Zeilen witzig, geistreich, pointiert zu dichten, zur Vollendung führte.

Der Titel seines Debütwerks ist nicht überliefert; seit der Neuzeit nennt man es meist „Das Buch der Spiele" (*Liber spectaculorum*). Es enthält Gedichte, die er anlässlich der Eröffnung des Kolosseums und der dazu von Kaiser Titus veranstalteten 100 Tage dauernden Festlichkeiten im Jahre 80 n. Chr. schrieb. Es sind kleine Skizzen und witzige Beobachtungen und Wortspiele, die aber auch viel von der Grausamkeit der Tierhetzen und Gladiatorenkämpfe verraten.

Was sagt die Ehebrecherin? Nein, nein, deine Freundin
Mein ich nicht, Gongylion. Wen dann? Na, deine Zunge!

[Mart. 3.84]

*

Ständig warst du, Matho, zu Gast in meinem Landhaus in Tibur.
Jetzt kaufst du es: Trottel, kaufst, was eh du schon besitzt.

[Mart. 4.79]

*

Die siebte Frau schon, Phileros, hast du auf deinem Land begraben.
Keinem gibt sein Ackerland mehr zurück als dir.

[Mart. 10.43]

*

Dass du mit Sklavinnen es treibst, Alauda, das sagt deine Frau.
Sie wiederum mag Sänftenträger: Ihr passt gut zusammen.

[Mart. 12.58]

Seine nächsten zwei Bücher veröffentlichte er drei bzw. vier Jahre später, ebenfalls zu einem bestimmten Anlass: den Saturnalien, dem römischen Fest im Dezember, wo man Geschenke austauschte. Passenderweise heißen die Bücher „Gastgeschenke" (*Xenia*) und „Zum Mitnehmen" (*Apophoreta*).

Den Hauptteil seines Werkes bilden aber die von ihm selbst in der heute noch überlieferten Reihenfolge und Aufteilung herausgegebenen zwölf „Epigramm-Bücher" (*Epigrammaton libri*). Anders als Catull bedient sich Martial auch immer wieder anderer Versmaße als dem des elegisches Distichons, *variatio delectat* halt.

Martials Thema ist das Leben. Er beleuchtet viele verschiedene Aspekte des römischen Alltags, oft spöttisch, meist aber mit einem Augenzwinkern, so dass sein Werk eine wichtige Quelle für unser Wissen über das alltägliche Leben der römischen Bürger im 1. Jh. n. Chr. darstellt. Ehrgeizige Politiker, missgünstige Freunde, eifrige Huren, skrupellose Geschäftemacher – sein Werk ist ein Sammelsurium skurriler Gestalten, und fast immer spricht er seine Adressaten direkt mit Namen an. Er macht auch an mehreren Stellen deutlich, dass er ein Vorbild hat: Catull. Dennoch gibt es einen großen Unterschied zwischen den Kurzgedichten dieser beiden Dichter: Wo bei Catull selbst die obszönsten

Nec grata est facies, cui gelasinus abest.
„Ein Gesicht, dem das Lachen fehlt, gefällt mir nicht."

„Ich habe eine ganze Sammlung solcher Gedichtchen [Epigram-
me], die ich geheim halte und nur gelegentlich den vertrautesten
meiner Freunde zeige. Es war dies die einzige unschuldige Waffe,
die mir gegen die Angriffe meiner Feinde zu Gebote stand."

Johann Wolfgang von Goethe

Spottepigramme noch eine lyrische Ebene haben und von persönlichen
Gefühlen getragen sind, herrscht bei Martial ein nüchternerer Stil vor.
Man meint fast, es gehe ihm um eine möglichst objektive Bestandsauf-
nahme des Lebens um ihn herum. Oft birgt erst der letzte Vers eine hu-
moristische Auflösung der Situation, die dem Ganzen dann wieder etwas Spöttisch-Satirisches gibt. Aber so soll es in einem guten Epigramm
ja auch sein.

Was bleibt?

Kurze, geistreiche Gedichte sind, so mag man meinen, zu jeder Zeit populär gewesen. Und doch, schaut man genau hin, kann man oft den Einfluss Martials erkennen, vor allem bei den Klassikern: Goethe, Schiller
(s. S. 94), Lessing – sie alle haben Epigramme verfasst, die sich in Form
und Stil ganz deutlich an Martial orientieren.

Hast du Bajä gesehn, so kennst du das Meer und die Fische,
Hier ist Venedig, du kennst nun auch den Pfuhl und den Frosch.

Goethe

Und ein wenig vorher gab es bereits einen walisischen Dichter, den man
den „britischen Martial" nannte: John Owen, der ab 1606 (wie Martial)
zwölf Bücher mit Epigrammen veröffentlichte – allerdings in lateinischer Sprache. Sie waren dennoch in ganz Europa erfolgreich: Zu Beginn
des 17. Jhs. verstand man eben noch überall Latein, zumindest in intel-
lektuelleren Kreisen.

Der Analytiker und die Germanen

Tacitus

Name: **Publius (oder Gaius) Cornelius Tacitus**
Lebensdaten: **ca. 58–ca. 117 n. Chr.**
Literarische Gattung: **Geschichtsschreibung**
Werke: **„Historien"** *(Historia)*, **„Annalen"** *(Annales)*,
„Germania" *(De origine et situ Germanorum)* u. a.

Im Jahre 1599 fühlte sich Elizabeth, Königin von England, angegriffen: Sir John Hayward hatte seine *History of Henry IV* veröffentlicht, und sie fürchtete, er versuche darin ihre Herrschaft zu kritisieren. Sie fragte Francis Bacon nach seiner Meinung, und dieser soll gesagt haben: „Ob es sich um Hochverrat handelt, vermag ich nicht zu beantworten, aber es ist immerhin Betrug." Worin der Betrug bestehe? Bacons Antwort: „In den vielen Passagen, die er von Tacitus gestohlen hat." Kann man sich eine solche Szene heute vorstellen? Wie viele Politiker haben wohl noch „ihren Tacitus parat"? Dennoch zeigt dies zumindest eines: Hier haben wir es mit einem der bedeutendsten, vielleicht sogar *dem* bedeutendsten römischen Historiker zu tun.

Wer war das?

Was wir über Publius Cornelius Tacitus wissen, hat uns vor allem sein Zeitgenosse Plinius d. J. in seinen Briefen hinterlassen – neben ein paar Informationen in seinen eigenen Werken. Tacitus' Familie gehörte dem Ritterstand an und kam vermutlich aus einer der römischen Provinzen in Südgallien. Er war der Erste seiner Familie, der Senator wurde: ein sog. *homo novus* – eine verächtliche Bezeichnung des alteingesessenen römischen Adels, die sich sogar jemand wie Cicero gefallen lassen musste (und vielleicht am ehesten wie eine Mischung aus „Snob" und „neureich" verstanden werden kann). Und wie Cicero wurde auch Tacitus ein bekannter Redner. Seine politische Laufbahn verlief geradlinig, er wurde Prätor, Suffektkonsul, war ab 112 n. Chr. einige Jahre Prokonsul in der Provinz *Asia* (Westtürkei) und starb wohl nicht viel später. Mit seiner Schriftstellerei begann er in etwa in der Zeit seines Konsulats (97 n. Chr.).

Lith.par Julien d'après l'antique.

Caïus Cornelius TACITUS,

Né vers l'an 540 de l'Ère chrétienne. Mort sous le règne d'Adrien

Tacitus. Lithografie von Bernard Romain Julien, Mitte 19. Jh.

„Tacitus ist ein Verkleinerer der Menschheit, er macht aus allen Kaisern die größten Bösewichter.“

Napoleon Bonaparte

Was schrieb er?

Neben Sallust gilt Tacitus als der zweite große römische Geschichtsanalytiker. Anders als Livius oder Sueton will er geschichtliche und zeitgeschichtliche Vorgänge analysieren, anstatt einfach nur Gelesenes und Gehörtes wiederzugeben. Und ähnlich wie bei Sallust waren es die politischen Gegebenheiten im Rom seiner Zeit, die ihn beeinflussten: Nero war noch keine zehn Jahre tot, als Tacitus nach Rom kam; er erlebte nacheinander die Herrschaft des wohltätigen Titus, des despotischen Domitian und schließlich des wieder beliebteren Trajan.

Seine ersten Werke waren drei kleinere Schriften: ein Büchlein über seinen Schwiegervater Agricola, eines über Redner und Rhetorik (*Dialogus de oratoribus*) und eines, das schon damals etwas Besonderes war: die „Germania“ – eigentlich: *De origine et situ Germanorum* („Über den Ursprung und die geografische Lage der Germanen“). Die „Germania“ ist auch unter dem Titel *... et moribus Germanorum*, also: „... und die Sitten der Germanen“ überliefert, und auch dieser Titel wäre passend: Tacitus beschreibt in diesem kurzen Buch eingehend die Sitten und Gebräuche, die in Germanien üblich waren; und ähnlich wie bei Caesar kann man hier und da eine gewisse Bewunderung nicht überhören. Es gab sogar einen aktuellen Anlass: Kaiser Domitian war 83 n. Chr. rechts des Rheins einmarschiert, hatte einige Gebiete erobert und daraufhin das „Germanienproblem“ (das seit der Varusschlacht im römischen Unterbewusstsein verankert war) kurzerhand für erledigt erklärt.

Dann, wenn die Germanen nicht in den Krieg ziehen, verwenden sie ihre Zeit weniger mit Jagen als mit Freizeitbeschäftigungen, schlafen und essen viel. So tapfer und kriegserfahren einer auch sein mag, er tut nichts: Haus, Hof und Feld zu versorgen ist Aufgabe der Frauen, Alten und Schwachen jeder Familie. Sie selbst aber faulenzen. Das ist ein erstaunlicher Widerspruch: Die gleichen Männer lieben die Untätigkeit und hassen die Ruhe! In ihren Dörfern ist es Sitte, dass jeder den Häuptlingen ohne Anlass Geschenke macht, Vieh oder Getreide. Dies wird als Ehrengabe angenommen und leistet die Grundversorgung. Besonders gern nehmen sie Geschenke benachbarter Sippen an, die von Einzelpersonen oder als öffentliche Schenkung geschickt werden: auserlesene Pferde, hervorragende Rüstungen, Beschläge aus Metall und Halsketten. Inzwischen haben wir ihnen beigebracht, auch Geld anzunehmen.

[Tac., Germ. 15]

Wozu die „Germania"?

Vieles von dem, was Tacitus über die Germanen schreibt, ist durch die **moderne Archäologie** bestätigt worden. Was er mit seinem Werk aber bezweckt hat, ist nach wie vor äußerst umstritten. Wollte er der römischen Gesellschaft den Spiegel vorhalten, deren Sitten immer mehr verfielen? Was ist aber dann mit der teilweise auch negativen **Kritik** an den germanischen Bräuchen? Oder ging es ihm in erster Linie um eine objektive geografisch-kulturelle Analyse ohne weitergehenden pädagogischen Anspruch? Tacitus selbst sagt in seinem Buch nichts über seine Intention, so dass sich diese Frage wohl nie wirklich klären lassen wird.

Die zwei Werke, mit denen Tacitus schließlich berühmt wurde, sind um einiges umfangreicher: die „Historien" und die „Annalen". Gemäß der römischen Tradition beschreiben die „Historien" Zeitgeschichte, die „Annalen" weiter Zurückliegendes. Und ganz folgerichtig beginnen die „Historien" im „Vierkaiserjahr" 69 n. Chr. und gingen ursprünglich bis zur Regierung Domitians (auch wenn leider von 14 Büchern nur noch die ersten fünf erhalten sind). Die „Annalen" beschreiben die Zeit vom Tod des Augustus (14 n. Chr.) bis zum Tod Neros (68 n. Chr.) – sie sind also quasi ein *Prequel* zu den „Historien". Von den „Annalen" ist etwa die Hälfte erhalten, größere Stücke aus allen Teilen des Werkes. Der Titel stammt nicht von Tacitus – es wird wohl *Ab divi Augusti excessu* geheißen haben („Vom Tod des göttlichen Augustus an" – vgl. Livius' *Ab urbe condita*).

Was ist aber denn nun das Besondere an Tacitus' Geschichtsschreibung? Diese Frage ist gar nicht so leicht zu beantworten. Was schnell auffällt, ist, dass Tacitus nicht nur versucht, Fakten zu vermitteln, sondern zudem Hintergründe zu erklären, und auch z. T. ganz unverhohlen Stellung nimmt – obwohl er im ersten Anschnitt seiner „Historien" noch erklärt: „Wer sich zur unbestechlichen Darstellung der Wahrheit verpflichtet, den darf beim Schreiben weder Liebe noch Hass motivieren." Nero oder Tiberius kommen alles andere als gut weg; doch auch so etwas mag für einen römischen Schriftsteller zur Zeit Trajans durchaus

Tacitus, der Führer und der Duce

Im November 1936 besuchte **Benito Mussolini** Deutschland. Nach einer raschen Einigung über die „Achse Berlin-Rom" hatte **Hitler** an Mussolini noch eine Bitte: In Jesi bei Ancona sitze ein antifaschistisch eingestellter Graf, der Conte Balleani, und dieser besitze eine Handschrift aus dem 15. Jh., die Hitler gerne besäße. Mussolini versprach, Abhilfe zu schaffen und den Kodex für Hitler zu besorgen. Das Werk, das im *Codex Aesinas lat. 8* enthalten ist? Natürlich **Tacitus'** „Germania".

Obgleich letztendlich nichts daraus wurde, zeigt diese Episode, für wie wichtig man unter „Germanen" diese Schrift selbst nach fast 2000 Jahren noch hielt – auch wenn es wohl eher der **Hobbyarchäologe Heinrich Himmler** war, nicht Hitler selbst, der den Kodex gerne besessen hätte …

Corruptissima re publica plurimae leges.
„Der verdorbenste Staat hat die meisten Gesetze."

noch unter „objektive Berichterstattung" gefallen sein. Das Auffälligste ist jedoch sein Stil: eine bis zum Äußersten stilisierte Prosa mit vielen Stilmitteln und kunstvollem Aufbau, mit Antithesen, Paradoxien, Kontrasten und rhetorischen Kunstgriffen. Das ihm oft angekreidete negative, fast pessimistische oder auch als zynisch bezeichnete Element mag sich etwas relativieren, wenn man unterstellt, sein Hauptanspruch sei gewesen, die Zusammenhänge der politischen Ereignisse untersuchen und herausstellen zu wollen. Denn er stellt sich immer wieder als genauer Beobachter heraus, der sich vielleicht sogar nach der Republik zurücksehnt, aber dennoch lernt, sich mit dem römischen Kaisertum abfinden zu müssen.

Kaiser Nero wollte sich zunächst noch nicht öffentlich im Theater bloßstellen, und so richtete er Spiele ein (die er „Juvenalien" nannte), zu denen sich jeder melden konnte und auftreten; adlige Herkunft, Alter oder Amt spielten keine Rolle, man konnte auf Griechisch oder Latein spielen und sogar Dinge tun, die ganz und gar unmännlich sind.
Sogar Frauen von hohem Rang übten unzüchtige Dinge ein; in dem Wäldchen, das Augustus um den künstlichen See herum hatte anpflanzen lassen, in dem Seeschlachten nachgestellt werden, wurden Lauben und Verkaufsbuden gebaut, wo man allerlei Schlemmereien erstehen konnte. Riesige Summen Geldes wurden ausgegeben – von den Aufrichtigen, weil sie nicht anders konnten, von den Unbeherrschten, weil sie auf Ruhm aus waren. Ohne, dass man es groß merkte, verbreiteten sich nun Niederträchtigkeit und böse Gerüchte, und die ohnehin bereits verdorbenen Sitten wurden durch die sich hier versammelnden Menschenmassen noch mehr in Mitleidenschaft gezogen. Sogar den Tugendhaftesten war es kaum möglich, die guten Sitten in sich wach zu halten; wenn das Laster versucht, sich selbst zu übertreffen, kann auch der Tugendhafteste seine guten Sitten und seine Liebe zur Ordnung nicht aufrechterhalten.
[Tac., Ann. 14.15]

Wie ist das alles überliefert worden?

In der *Historia Augusta* heißt es vom römischen Kaiser Tacitus (275/76 n. Chr.), er habe sich für einen Nachfahren des Historikers gehalten und dafür sorgen wollen, dass dessen Werke wieder mehr gelesen würden. Auch wenn dies wahrscheinlich erfunden ist, so hat die Anekdote einen wahren Kern: Im Laufe des 3. Jhs. verlor sich das Interesse an Tacitus immer mehr. Aus der Antike hat sich jeweils nur ein einziges Manuskript der einzelnen Werke ins Mittelalter gerettet – daher natürlich auch die lückenhafte Überlieferung der „Historien" und „Annalen":

Tacitus' größere Texte waren wohl zu kompliziert und zu umfangreich, als dass man mehr als nur einzelne Abschnitte abgeschrieben hätte (gerade bei den „Annalen" griff man sich das heraus, das auch nach dem 9. Jh. noch von allgemeinerem Interesse war – z. B. die Vita des Nero und dessen Untergang).

Die Mühen des Übersetzers

Tacitus zu übersetzen kann eine Herausforderung sein. Hier zwei eindrucksvolle Beispiele aus Tacitus-Ausgaben des 19. Jhs., zunächst Carl Friedrich Bahrdt, der im Jahre 1807 im Vorwort seiner Tacitus-Übersetzung schreibt:

Das Schicksal hat mich in eine Lage gesetzt, welche vielleicht jeder anderer, der vorher gewohnt war, sich von Mantel und Kragen zu mästen, ein saures Leben nennen würde: in eine Lage, welche mich auf der einen Seite nöthiget von fünf Uhr des Morgens bis an den Abend zu sitzen und (mit der Gefahr, Schlaf und Verdauungskraft auf immer zu verlieren) unaufhörlich zu arbeiten. […] Wer sich nun mich in dieser Lage denkt, und noch verlangt – daß ich eben das leisten soll, was ein anderer Gelehrter von gleichen Fähigkeiten und Kenntnissen leistet, dem sein Landesherr Brodts die Fülle giebt, und dem seine Schriftstellerey ein Nebenverdienst ist, davon er allenfalls seinen Achtundvierziger bezahlen kann: und erwartet, daß ich an jeder Zeile feile und jedes Stück Arbeit hinlege, und nach vier Wochen wieder umarbeiten, und sitzen und Fehler haschen und Mißtöne behorchen werde […] und auf mich losdonnert, wenn ich einmal eine Zeile überlas, einmal eine falsche Construction machte, einmal eine Nebenidee übersah u. s. w.: und – wenn er sich in seinen überspannten Prätensionen getäuscht sieht, es für nichts rechnen will, daß ich meinen Autor doch bis auf nur wenige Stellen richtig dolmetschte, und einen deutschen Tacitus lieferte, der sich doch im Ganzen genommen besser lesen läßt, als seine Vorgänger geliefert haben: der – ist ein Unbarmherziger, ein – Doch ich fühle eben, daß ich in Wärme bin. Und das ist ja eben der Zeitpunct, wo man die Feder niederlegen muß.

*

Und Georg Ludwig Walch schreibt 1829 in seiner Germania-Übersetzung:

Zwar, eine neue Verdeutschung des Tacitus anzukündigen, dürfte für gemischte Leser ein Stück aus der Historie ansprechender scheinen, wo größere Ausführung und glühendere Phantasie sich dem neuern Geschmacke empfiehlt. Doch Vertrautere des Geschichtschreibers, die in der Germania Kraft und Einfachheit, mit einem fast gemessenen, in den herrlichsten Versfüßen sich bewegenden Rhythmus bewundern, wissen, daß kein anderes Buch seinen Uebersetzer, der in strenger Form etwas nur einigermaßen Lesbares geben will, so oft zur Verzweiflung treibt. Solchen möge freundlichst diese Probe übergeben sein.

Was bleibt?

Im Humanismus entdeckte man Tacitus wieder, und in der Folge entstand eine ganze politische Richtung, die sich später zusammenfassend als „Tacitismus" bezeichnen ließ: eine Abmilderung der Thesen Machiavellis, die nicht nur dem Herrscher Grundprinzipien zur Regierung an die Hand geben wollte, sondern auch dem Beherrschten Grundregeln zum Verhalten – das Ganze anhand einer moralisierenden Interpretation der Schriften des Tacitus: „Aus Tacitus war zu erfahren, zu welchen Taten Könige und Tyrannen fähig sind" (Herfried Münkler). Daraus schöpfte dann später natürlich auch die Französische Revolution, deren Anhänger dankbar Tacitus' Herrschaftskritik aufnahmen.

Doch nicht nur in der Politik lebte Tacitus fort: Robert Graves' berühmten historischen Roman „Ich, Claudius – Kaiser und Gott" (1934/35) kann man (im Sinne einer „Mockumentary") wie einen der fehlenden Teile der „Annalen" lesen: Er beschreibt die Periode der römischen Geschichte zwischen dem Ende des Tiberius über Caligula und Claudius bis zum Ende des Claudius. Genau dieser Zeitraum ist von Tacitus nicht überliefert. Zudem lehnt sich Graves auch stilistisch und im Aufbau an Tacitus an.

Brot und Spiele und Orgien

Juvenal

Name: **Decimus Iunius Iuvenalis**
Lebensdaten: **ca. 60–135 n. Chr.**
Literarische Gattung: **Satire**
Werke: **„Satiren"** *(Saturae)*

„Es ist schwierig, *keine* Satire zu schreiben" – dieses geflügelte Wort stammt vom letzten großen römischen Satiriker: Juvenal. Er war ein Freund von Martial, der ihn in seinen Gedichten dreimal erwähnt. Doch komischerweise nennt dieser ihn nie einen Dichter, sondern nur einen *facundus*, einen „Redegewandten". Dies ist leicht erklärt: Man geht davon aus, dass Juvenal seine Satiren erst spät in seinem Leben schrieb, wohl erst ab dem 40. Lebensjahr – sicher erst ab 100 n. Chr. –, und vorher als Redner oder Rhetoriklehrer tätig war.

Wer war das?

Es gibt mehrere Lebensbeschreibungen des Decimus Iunius Iuvenalis aus der (Spät-)Antike, doch man kann kaum sagen, wie viel an ihnen wahr ist, wie viel ersponnen, so sehr unterscheiden sie sich. So ist Juvenal also *vielleicht* von Kaiser Domitian nach Ägypten in die Verbannung geschickt worden, weil er *eventuell* eine spöttische Bemerkung über einen Günstling des Kaisers geschrieben hatte, einen Tänzer. Und *möglicherweise* ist er vom nächsten römischen Kaiser, Nerva, wieder begnadigt und nach Rom zurückgeholt worden.

Ille crucem sceleris pretium tulit, hic diadema.
„Den dort hat man für seine Verbrechen gekreuzigt, diesem hier eine Krone aufgesetzt."

Was schrieb er?

Sicher ist bei Juvenal nur eines: Es sind 16 Satiren überliefert, die ihm zugeschrieben werden. Das erscheint in der Tat zunächst wie ein überschaubares Werk – Juvenals Themen sind indes umso vielfältiger. Er lässt sich über verschiedenste Aspekte des römischen Gesellschafts- und Alltagslebens aus und prangert in bissig-ironischem Ton Missstände an. Ähnlich wie Horaz nennt er kaum Namen, wenn er über bestimmte Personen „herzieht", doch im Gegensatz zu diesem sind seine Betrachtungen viel detaillierter, viel ausführlicher und viel länger. Die 16 Satiren haben damals allein ganze fünf Papyrusrollen gefüllt. Und ihr Ton ist auch ein anderer als der von Horaz: Mitunter erscheint Juvenal geradezu verbittert, z. B. wenn er die tyrannische Herrschaft Domitians beschreibt, den er mit Nero (s. S. 133) vergleicht.

Ansonsten schreibt Juvenal über eben jene Missstände, die man heute meist mit dem dekadenten Leben in der römischen Kaiserzeit verbindet: Völlerei und Genusssucht, sexuelle Eskapaden, Habgier und Erbschleicherei. Aber auch falsche Kindererziehung, untalentierte Dichter und die Probleme des Ehelebens sowie die Verschwendungssucht der Frauen der Oberschicht knöpft sich der Satiriker vor. Und den mangelnden Respekt der Masse vor Intellektuellen – wahrlich ein immerwährendes, zeitloses Thema.

Soll ich denn immer nur zuhören? Darf ich denn nichts erwidern,
Der ich die Marter ertrage, wenn Cordus sein Epos „Theseis" vorliest?
Soll er mir ungestraft seine Komödien vorgetragen haben und
Seine Elegien? Soll er mir ungestraft den ganzen Tag verdorben haben
Mit dem Vortrag von Tragödien, bis an den Rand des Papyrus geschrieben
Und die noch den ganzen Rücken der Schriftrolle bedecken? [...]
Es ist dumme Nachgiebigkeit, wenn man überall gegen die
Dichter wettert, am Papyrus zu sparen, der eh vergeudet wird.
Warum ich dennoch lieber den Weg einschlage,
Den der große Schüler des Aurunca, Luculius, beschritt,
Will ich dir sagen, wenn du Zeit hast und zuhören magst.
Wenn ein Eunuch, ein weichlicher, sich eine Frau nimmt;
Wenn Mevia einen etruskischen Eber erlegt, am blanken Busen den Jagdspeer;
Wenn ein Einzelner mit seinem Reichtum alle Patrizier herausfordert,
Der mir, als ich jung war, selbst noch den raschelnden Bart schor;
Wenn einer aus dem einfachen Volk am Nil, der Mann aus Canopus,
Crispinus, die purpurne Toga stolz mit der Schulter zurückwirft,
Mir mit schwitzigen Fingern, Luft sich zufächelnd, seinen goldenen Ring zeigt
(Denn einen größeren Edelstein kann er vom Gewicht her nicht tragen),
Dann ist es schwierig, keine Satire zu schreiben!

[Juv. 1.1–30]

Wie ist das alles überliefert worden?

Die gesamte Überlieferung geht auf eine einzige Handschrift aus dem 4. Jh. zurück. In der Spätantike vergaß man ihn mehr und mehr, und erst im Mittelalter hat man Juvenal neu entdeckt. Je mehr man sich später für das Leben im alten Rom interessierte, umso häufiger wurde er gelesen und abgeschrieben (über 500 Handschriften sind noch erhalten!) – bis Juvenal schließlich sogar Schulautor wurde. Es ist allerdings anzunehmen, dass seine Satiren über die sexuellen Ausschweifungen seiner Zeitgenossen im Lateinunterricht weniger häufig verwendet wurden.

Was bleibt?

Auch von Juvenal gibt es ein paar Sprüche (wie den eingangs erwähnten), die wir heute noch verwenden – der bekannteste ist wohl: *panem et circenses* – „Brot und Spiele": In der Satire, aus der diese Worte stammen, schreibt Juvenal darüber, wie das Volk in der Zeit der Römischen Republik sich noch in die Staatsführung einmischen konnte, indem es Feldherren die Befehlsgewalt übertrug oder Magistratsbeamte wählte; „jetzt ist es zufrieden und wünscht sich nur zweierlei: Brot und Spiele". Und der Kaiser stellte das Volk von Rom ruhig, indem er ihm eben dies gab – einen vollen Bauch und einen zerstreuten Kopf.

Auch der Ausspruch *mens sana in corpore sano* („ein gesunder Geist in einem gesunden Körper") geht auf Juvenal zurück – freilich wird er seit langer Zeit ganz falsch wiedergegeben: Es heißt bei Juvenal nämlich nicht, *dass* es so ist, sondern dass es doch erstrebenswert wäre, wenn es das *gäbe*: einen gesunden Geist in einem gesunden Körper. Leider findet man das so selten …

Sehr geehrter Herr Kaiser ...

Plinius d. J.

Name: **Gaius Plinius Caecilius Secundus Minor**
Lebensdaten: **(61/62–ca. 111/116 n. Chr.)**
Literarische Gattung: **Briefe, Rhetorik**
Werke: **„Briefe"** *(Epistulae)*

Plinius d. J. war einer der produktivsten Verfasser literarischer Briefe der Kaiserzeit. Wenn man also nachlesen will, wie die römische Oberschicht Ende des 1. Jhs. n. Chr. lebte, gibt es kaum eine bessere Quelle. Über Plinius selbst ist zur Abwechslung einmal relativ viel bekannt – zum einen aus seinen eigenen Briefen, zum anderen aus Inschriften, aus denen z. B. hervorgeht, dass er eine wohltätige Ader hatte und u. a. seiner Geburtsstadt eine ganze Bibliothek stiftete.

Wer war das?

Gaius Plinius Caecilius Secundus Minor war seit frühester Kindheit von berühmten Persönlichkeiten umgeben. Er war der Sohn der Schwester des berühmten Schriftstellers Plinius d. Ä., und wie dieser wurde er in Novum Comum (dem heutigen Como) geboren. Sein Vater starb früh, und zunächst wurde Verginius Rufus sein Vormund, einer der berühmtesten Politiker seiner Zeit und dreimaliger Konsul. Schon bald aber ging seine Mutter mit ihm nach Rom, wo er seine Schul- und Rhetorikausbildung erhielt, und dort adoptierte ihn sein Onkel Plinius, so dass er zusätzlich zum Familiennamen des eigenen Vaters (Caecilius) den Namen Plinius erhielt. Seinen weiterführenden Unterricht erhielt er in Rom vom angesehensten Rhetor der Welt: Quintilian, den Kaiser Vespasian zum ersten staatlich besoldeten Rhetoriklehrer Roms machte.

Plinius selbst wurde Anwalt und Politiker; er begann sehr früh, schon mit 18 Jahren, und durchlief die gesamte römische Ämterlaufbahn bis zum Suffekt-Konsulat (100 n. Chr.). Im Jahre 103 wurde er dann auch noch in den Kreis der Auguren-Priester aufgenommen: eine ganz besondere Ehre. 111 reiste er als kaiserlicher Gesandter in die römische Provinz *Pontus* am Schwarzen Meer; es gibt keine Nachricht darüber, dass er von dort zurückgekehrt ist: Wahrscheinlich starb er hier, fern von Rom.

Gleicher unter Gleichen?

Als Plinius d. J. einmal zum Essen eingeladen war, bemerkte er, dass ihm und ein paar anderen Ehrengästen besonders feines Essen und guter Wein aufgetischt wurde, den anderen Tischgenossen dagegen billigere Speisen und Getränke. „Ich tische jedem Gast das Gleiche auf", sagte Plinius, „denn wenn ich jemanden an meinen Tisch bitte, stelle ich mich mit ihm auf eine Stufe und behandele ihn als Gleichen." – „Sogar Freigelassene?", fragte jemand überrascht. „Sogar Freigelassene", antwortete Plinius, „denn in solchen Momenten betrachte ich sie als Gleichgesinnte, nicht als Freigelassene." – „Aber das muss doch ein kleines Vermögen kosten?" – „Überhaupt nicht, denn die Freigelassenen trinken bei mir nicht denselben Wein wie ich: Ich trinke denselben Wein wie sie."

Was schrieb er?

Von Plinius sind 369 Briefe in zehn Büchern erhalten. Die Bücher 1–9 enthalten Briefe an 105 Adressaten, ebenso Freunde wie berühmte Zeitgenossen, darunter Tacitus und Sueton. Der Adressat des 10. Buches war noch prominenter: Dort findet sich Plinius' Briefwechsel mit Kaiser Trajan, und hier sind auch die Antwortschreiben erhalten (insgesamt 121 Briefe, die freilich weitaus kürzer sind als die der ersten neun Bücher).

Bei allem, was man durch die Briefe über das Alltagsleben der römischen Oberschicht erfährt, sind diese Briefe jedoch nicht etwa postum veröffentlichte Privatkorrespondenz. Plinius hat die meisten der Briefbücher selbst herausgegeben und höchstwahrscheinlich für die Veröffentlichung noch überarbeitet. So enthält jeder Brief ganz strikt ein einziges Thema, das oft nach einem essayhaften Muster erörtert wird.

Neben den Briefen ist ein sog. *Panegyricus* erhalten, eine Lobrede auf Kaiser Trajan, die Plinius im Jahr 100 n. Chr. anlässlich seines Konsulats gehalten hat und die allein ein ganzes Buch füllt. Doch er schrieb auch anderes: eine Tragödie, eine an Catull orientierte Gedichtsammlung sowie zahlreiche Reden, die er in seiner Funktion als Anwalt vor Gericht gehalten hat – all das ist leider verloren.

Nullum esse librum tam malum, ut non aliqua parte prodesset.
„Kein Buch ist so schlecht, dass es nicht doch auf irgendeine Weise nützlich wäre."

Hier wurden Plinius der Ältere und der Jüngere geboren: Eine Statue Plinius' d. J. ziert die Fassade des Doms S. Maria Maggiore in Como. Angefertigt wurde sie 1484 von Tommaso und Jacobo Rodari, heute ist sie gut geschützt gegen Tauben.

Gaius Plinius grüßt seinen Freund Tacitus!

Du bittest, dass ich dir vom Tod meines Onkels schreibe, damit Du es umso wahrheitsgemäßer der Nachwelt überliefern kannst. Ich danke Dir; denn wenn er von Dir beschrieben wird, wird seinem Tod unsterblicher Ruhm verliehen.

Er war in Minsenum und führte persönlich das Kommando über die Flotte. Etwa um die 7. Stunde bedeutete meine Mutter ihm, dass eine Wolke von ungewöhnlicher Größe und seltsamem Aussehen zu sehen sei. Mein Onkel hatte zuvor ein Sonnenbad genommen, sich mit kaltem Wasser erfrischt und im Liegen gespeist und gelesen. Er verlangte nach seinen Schuhen und bestieg eine Stelle, von der aus man die merkwürdige Erscheinung besser sehen konnte. Von fern konnte man kaum sehen, aus welchem Berg diese Wolke sich erhob (dass es der Vesuv war, wurde erst später klar), die am ehesten die Form einer Pinie hatte. Denn sie wuchs empor wie mit einem riesigen Stamm und teilte sich dann in ein paar Zweige (ich glaube, weil sie erst mit viel Druck emporfuhr und, wenn der Druck nachließ, sich in die Breite verflüchtigte). Sie war an manchen Stellen weiß, an anderen schmutzig und fleckig, je nachdem, ob sie Erde oder Asche mit sich führte. Diese Erscheinung war für einen so sehr gelehrten Mann wie meinen Onkel näherer Beobachtung wert. Er befahl, den Schnellsegler vorzubereiten. [...]

Er eilte dorthin, woher andere flohen, hielt den Kurs geradewegs in Richtung Gefahr, so furchtlos, dass er sich alle Stufen und Erscheinungen der Naturkatastrophe genauestens ansah und aufschreiben ließ. Bald fiel Asche auf die Schiffe, und je näher sie herankamen, desto heißer und dichter wurde sie. Schon fiel Bimsstein auf das Schiff und vom Feuer schwarz verbrannte und geborstene Felsbrocken. Er zögerte kurz, ob er umkehren sollte, sagte dann aber zum Steuermann (der ihn zur Umkehr drängte): „Den Tapferen hilft das Glück: Fahr zu Pomponianus!"

Dorthin fuhr dann mein Onkel mit Rückenwind, umarmte den ängstlichen Pomponianus, tröstete ihn und machte ihm Mut mittels seiner Unerschrockenheit, und er befahl, dass man ihn ins Bad bringe. Nach dem Bad legte er sich hin und aß ganz gelassen (oder, was ähnliche Größe beweist: einem Gelassenen gleich). Inzwischen leuchteten vom Vesuv aus an mehreren Orten Feuer und hochflammende Brände, deren Glanz und Helligkeit durch die Dunkelheit der Nacht noch verstärkt wurden. Mein Onkel aber legte sich zur Ruhe und schlief tief und fest: Die Sklaven hörten deutlich seinen ruhigen Atem, der bei ihm ob seiner Leibesfülle besonders laut und schwer war. Doch der Hof, von dem aus man das Wohnzimmer erreichte, füllte sich so sehr mit Asche und Bimsstein, dass einem der Ausgang verwehrt worden wäre, wenn man sich noch länger im Schlafzimmer aufgehalten hätte.

Man weckte ihn, und er kehrte zu Pomponianus und den anderen Hausbewohnern zurück, die kein Auge zugetan hatten. Gemeinsam überlegten sie, ob man im Haus bleiben sollte oder im Freien herumlaufen. [...] Letzteres schien die sicherere Wahl. [...]

Alle banden sich mit Tüchern Kissen auf den Kopf, zum Schutz gegen herunterfallende Steine. Bald schien es Tag zu sein, an anderer Stelle schon wieder Nacht, schwärzer und dichter als alle Nächte; Fackeln und andere Lichtquellen machten die Dunkelheit erträglich. Man beschloss, hinunter zum Strand zu gehen und nachzusehen, ob das Meer schon zuließe, dass man abfuhr – doch war es immer noch zu aufgewühlt. Am Strand legte sich mein Onkel auf ein Tuch und ließ sich mehrmals kaltes Wasser bringen und trank es.

Bald aber ließen der Geruch von Schwefel und lodernde Flammen alle anderen die Flucht ergreifen – und ihn wach werden. Gestützt auf zwei Sklaven erhob er sich und fiel sofort wieder hin: Durch den dichten Qualm wurde ihm die Kehle zugeschnürt und sein Magen verschloss sich, der ihm ja ohnehin von Natur aus schwach und eng war, so dass er oft keuchte. Sobald die dunklen Wolken sich verzogen hatten, fand man seinen leblosen Körper – unversehrt, unverletzt und genauso bekleidet, wie er bekleidet gewesen war: einem Schlafenden ähnlicher als einem Toten. […]

Also komme ich zum Ende. Du kannst dir hier das Beste heraussuchen – es ist nämlich das eine, einen Brief zu schreiben, etwas anderes, Geschichte zu beschreiben; das eine, einem Freund zu schreiben, etwas anderes, allen.

Lebe wohl!

[Plin., Ep. 6.16]

Wie ist das alles überliefert worden?

Das 10. Buch der Briefe, der Briefwechsel mit Trajan, ist durch eine in Paris gefundene (mittlerweile aber leider verlorene) Handschrift überliefert worden, die eventuell bis ins 6. Jh. zurückdatiert werden kann.

Die übrigen Plinius-Briefe sind durch eine Reihe anderer Handschriften erhalten, die aber wahrscheinlich alle auf ein einziges Exemplar zurückgehen, das sogar aus der Spätantike stammt.

Der *Panegyricus* ist davon losgelöst in der Sammlung der *Panegyrici Latini* überliefert, in der zwölf dieser kaiserlichen „lateinischen Lobreden" gesammelt sind. Die Lobrede des Plinius auf Trajan ist dabei die älteste, die jüngste stammt aus dem Jahr 389 (und ist an Kaiser Theodosius I. gerichtet).

Was bleibt?

Neben der Botanik und Astronomie (s. S. 131) hat der Name Plinius auch in die Naturwissenschaft Einzug gehalten: Ist ein Vulkan eine lange Zeit still gewesen, und bricht er dann mit außerordentlicher Gewalt und schweren Aschefällen aus, so spricht man in der Vulkanforschung von einer „plinianischen Eruption" – natürlich in Anlehnung an Plinius' Briefe über den Ausbruch des Vesuvs 79 n. Chr. an Tacitus und den Tod seines Onkels, des Naturhistorikers. Und es gibt sogar noch eine Steigerungsform: die „ultra-plinianische Eruption".

Übrigens hat der britische Autor Robert Harris die zwei Briefe, die den Vesuvausbruch behandeln, in seinem Roman „Pompeji" (*Pompeii*, 2003) literarisch verarbeitet.

Kaiserlicher Klatschreporter

Sueton

Name: **Gaius Suetonius Tranquillus**
Lebensdaten: **ca. 70–ca. 130/135 n. Chr.**
Literarische Gattung: **Biografien**
Werke: **„Kaiserbiografien“** *(De vita Caesarum),*
„Über berühmte Männer“ *(De viris illustribus)*

Im Verlauf dieses Buches wird kaum ein Schriftsteller öfter als Quelle angeführt als Sueton. Dies liegt daran, dass er Biograf war: Er hinterließ äußerst populäre Biografien, einerseits der römischen Kaiser und andererseits der römischen Schriftsteller – so dass er (nicht nur hier) immer wieder „auftaucht", wenn man für dies oder jenes einen Gewährsmann braucht.

Wer war das?

Gaius Suetonius Tranquillus wurde wahrscheinlich in Nordafrika geboren, genauer gesagt in Hippo Regius (im Nordosten des heutigen Algerien). Seine Familie war vermögend und gehörte dem Ritterstand an. Nach Rom wurde der junge Mann wohl zur Ausbildung geschickt, dort lernte er Plinius d. J. kennen. Der bekannte Politiker und Schriftsteller wurde einer von Suetons engsten Vertrauten und förderte ihn; vor allem verhalf er ihm dazu, dass seine Bücher veröffentlicht wurden. Außerdem benutzte Plinius später, etwa um 110 n. Chr., seine Kontakte, um Sueton am Hofe von Kaiser Trajan einzuführen.

Da Plinius kurze Zeit später starb, konnte er nichts weiter über Suetons Lebenslauf in seinen Briefen hinterlassen; aber 1952 entdeckte man in Suetons Geburtsstadt Hippo Regius eine Inschrift, aus der hervorgeht, dass der später so berühmte Sohn der Stadt am Kaiserhof verschiedene Posten erhielt. Er wurde eine Art wissenschaftlich-literarischer Berater Trajans, verantwortlich u. a. für die Bibliotheken der Stadt und (schon unter Hadrian) für den Schriftverkehr des Kaisers. Gerade letzteres Amt hätte dem Briefeschreiber Plinius wohl auch gefallen. Im Jahre 122 entließ Hadrian ihn jedoch wieder aus seinen Diensten: Dem Gerücht nach habe er es der Frau des Kaisers an Respekt mangeln lassen …

„Ich zähle Suetonius Tranquillus, diesen äußerst anständigen, ehrlichen und gelehrten Mann – sowohl seinen Lebenswandel als auch seinen Enthusiasmus bewundere ich –, schon lange zu meinen engsten Freunden, und ich schätze ihn immer mehr, je näher ich ihn kennenlerne."

Plinius d. J.

Was schrieb er?

Suetons beinahe vollständig erhaltenes Hauptwerk heißt „Über das Leben der Kaiser" (*De vita Caesarum*). Es ist eine Sammlung von Biografien der ersten zwölf römischen Kaiser – so man den „Namensgeber" des Kaisertums, Caesar, mit dazurechnet. Sueton beschreibt die Leben aller römischen Herrscher ab dem Ende der Republik bis zu seiner eigenen Zeit in Rom: Caesar, Augustus, Tiberius, Caligula, Claudius, Nero, Galba, Otho, Vitellius, Vespasian, Titus und Domitian. Die ersten sechs Biografien (bis Nero) sind sehr ähnlich aufgebaut, nach einem strengen Muster: Anfang und Ende erzählen Kindheit und Jugend bis zum Beginn der Herrschaft bzw. deren Ende in chronologischer Form; dazwischen beschreibt er die Herrschaft, dies aber weniger chronologisch als vielmehr thematisch gegliedert: Was hat er getan? Was für ein Mensch war er? Was waren seine Gewohnheiten? Was sagte man über ihn? Den letzten sechs Kaisern widmet Sueton sich nicht ganz so ausführlich, was auch weniger erstaunt, schließlich waren sie auch nicht so lange an der Macht (sie sind in zwei Büchern gesammelt, und man nimmt an, dass er sie früher als die ausführlicheren schrieb).

Klatsch stinkt nicht

Der bekannteste lateinische Spruch, der auf Sueton zurückgeht, ist: **pecunia non olet**. – „Geld stinkt nicht." In seiner Biografie des Kaisers **Vespasian** schreibt Sueton darüber, wie dieser eine „Latrinensteuer" einführte: Urin war ein Rohstoff, den u. a. Gerbereien benötigten, um Tierhäute haltbar zu machen, und in Rom bezogen sie ihn aus den **öffentlichen Toiletten**. Der Sohn des Kaisers, Titus, habe sich über diese unreine Steuer beschwert; da habe Vespasian ihm ein paar Münzen unter die Nase gehalten und gefragt, ob sie denn irgendwie besonders röchen. Titus habe verneinen müssen, und darauf habe Vespasian gesagt: „Und doch kommt es vom Urin." Der Wortlaut *pecunia non olet* wird von Sueton **nicht benutzt**. Und doch hat sich diese Geschichte so ins Gedächtnis der Menschen eingebrannt, dass man Vespasian immer wieder mit genau dieser Episode in Verbindung bringt. Dabei kennzeichnet allein die familiäre Situation mit Kaiser und Sohn diese kurze Episode schon eher als **Anekdote** denn als historische Überlieferung, und sie soll wohl auch mehr über Vespasians Charakter verraten, denn der Nachwelt überliefern, dass es einmal eine Steuer auf den Besuch öffentlicher Toiletten gab.

Diese Form der Biografie war etwas ganz Neues. Sie entstammte auch nicht der griechischen Literatur: Sueton scheint sie selbst entwickelt zu haben. Am ehesten könnte man sie mit der Grabrede vergleichen, die in Rom schon lange eine feste Form hatte und so ähnlich auch heute noch verwendet wird.

Obwohl man Sueton in gewisser Hinsicht unter die Historiker zählen könnte, funktionieren seine Texte so ganz anders als die eines Tacitus, Sallust oder Livius: Er schrieb *nicht* (zeit-)geschichtliche Ereignisse auf, um der Nachwelt die Erinnerung an die römische Geschichte zu erhalten. Vielmehr schrieb er für ein zeitgenössisches Publikum, das diese Zusammenhänge noch kannte, aber gerne interessante, weniger bekannte Fakten oder Anekdoten über berühmte Persönlichkeiten hören wollte.

Dem folgt auch Suetons zweites, zumindest teilweise überliefertes Werk: „Über berühmte Männer" (*De viris illustribus*). Diese „Männer" sind allesamt im weitesten Sinne im Literaturbetrieb tätig: als Dichter, Redner, Philosophen, Historiker oder Grammatiker. Erhalten sind jeweils nur Passagen aus den Biografien, u. a. des Horaz, Tibull, Terenz, Vergil – und natürlich Plinius' d. J.

Aus der Biografie des Kaisers Tiberius:

Er heiratete Agrippina, Tochter des Marcus Agrippa und Enkelin des Caecilius Atticus, eines römischen Ritters, an den Cicero Briefe geschrieben hat. Nachdem sie ihm seinen Sohn Drusus geboren hatte, zwang man ihn, sich von ihr scheiden zu lassen – obwohl seine Ehe gut lief und seine Frau wieder schwanger war – und überstürzt Augustus' Tochter Julia zu heiraten, was ihn sehr mitnahm, denn er hatte glücklich mit Agrippina zusammengelebt und missbilligte Julias Charakter, da er gemerkt hatte, dass sie schon ein Auge auf ihn geworfen hatte, als ihr vorheriger Ehemann noch lebte. Die Trennung von Agrippina schmerzte ihn weiterhin sehr, und als er sie danach noch ein einziges Mal sah, lief er ihr so entschlossen und mit Tränen in den Augen hinterher, dass man dafür sorgte, dass er sie danach nie mehr wiedersah.
Mit Julia lebte er zunächst ganz zufrieden zusammen und erwiderte ihre Liebe. Bald aber entfernte er sich von ihr, und zwar so sehr, dass er gar nicht mehr mit ihr zusammenwohnte – nachdem das Band, das sie zunächst verbunden hatte, der Sohn, den sie ihm in Aquileia geboren hatte, noch als Kleinkind starb.
Er verlor seinen Bruder Drusus in Germanien, überführte seinen Körper nach Rom und ging den ganzen Weg zu Fuß voran.

[Suet., Tib. 7.2 f.]

Qualis artifex pereo!
„Was für ein Künstler stirbt mit mir!"

(Nero in den Mund gelegt)

Wie ist das alles überliefert worden?

Suetons biografischer Ansatz war sehr populär und fand bis in die Spätantike viele Nachahmer. Vor allem seine Kaiserbiografien wurden viel gelesen, was dafür gesorgt hat, dass der Text in mehreren Überlieferungssträngen in einem sehr guten Zustand überlebt hat. Anders die Biografien der „berühmten Männer": Diese sind nur bruchstückhaft erhalten, vor allem als Zitate in den Vorworten späterer Ausgaben der großen römischen Schriftsteller.

Was bleibt?

Sueton schrieb seine Biografien römischer VIPs für ein Publikum, das Klatsch und Tratsch hören wollte – ein Wunsch, wie er heute durch *Gala, BUNTE* oder *RTL Exclusiv* befriedigt wird. Auch hier liegt der Fokus meist weniger auf dem, was die Prominenten leisten, als auf ihrer Persönlichkeit. Das sollte man jedoch nicht unterschätzen: Gerade über Figuren wie Nero erfahren wir bei Sueton vieles, was uns andere Quellen verschweigen; man muss nur immer vorsichtig sein, ob man es für bare Münze nehmen kann.

In Athen, da sind die Nächte lang

Gellius

Name: **Aulus Gellius**
Lebensdaten: **ca. 120–180 n. Chr.**
Literarische Gattung: **Vermischtes**
Werk: **„Attische Nächte"** *(Noctes Atticae)*

Aulus Gellius ist einer jener antiken Autoren, über die man so gut wie gar nichts weiß. In mittelalterlichen Handschriften wusste man z. T. sogar nicht einmal mehr seinen Namen richtig zu schreiben: Dort liest man als Verfasser der „Attischen Nächte" den Namen „Agellius" – natürlich: Man braucht bei A. GELLIVS schließlich nur den Punkt fortzulassen, und schon ...

Wer war das?

Bekannt ist von Aulus Gellius eigentlich nur, dass er im 2. Jh. n. Chr. lebte; dass er der gebildeten Oberschicht angehörte; dass er den größten Teil seines Lebens in Rom verbrachte; und dass er, weit wichtiger für seine schriftstellerische Tätigkeit, wahrscheinlich schon in fortgeschrittenem Alter und nicht (wie es üblich war) als junger Mann mindestens ein Jahr in Athen lebte. Dort schrieb er das Werk, das ihn bekannt machte.

Barbam et pallium, philosophum nondum video.
„Ich sehe zwar einen Bart und einen Umhang, aber keinen Philosophen."

Was schrieb er?

Vermischtes ...? Nun gut, diese Angabe ist wohl ein wenig vage als „literarische Gattung". Doch wie soll man es nennen, wenn jemand ein 20-bändiges Werk verfasst, in dem Hunderte verschiedener Themen Platz finden? In welchem er Auszüge aus Werken von über 250 verschiedenen Autoren unterbringt? Dabei war die sogenannte „Buntschriftstellerei" zu Gellius' Zeit durchaus beliebt – eine Art *Reader's Digest* der verschiedensten Fachgebiete für den, der sich schnell informieren oder aber (wohl eher) sich informativ unterhalten (lassen) will:

Infotainment vor 1800 Jahren. Gellius war wohl nicht besonders reich, aber doch immerhin wirtschaftlich unabhängig – und er gehörte einer Gesellschaftsschicht an, für die es zum guten Ton gehörte, sich über ihre Bildung zu definieren. Und so bieten die „Attischen Nächte" sozusagen Wissenswertes für interessierte Laien, Stoff für den intellektuellen Smalltalk auf der Party. Und das in Form von Zusammenfassungen (oft mit Zitaten) aus Schriften griechischer oder lateinischer Autoren. Die Themen könnten dabei kaum vielfältiger sein: Literatur, Geschichte, Philosophie, Religion, Ethnologie, Grammatik, Naturwissenschaft, Rechtswesen, Medizin und, und, und ... Sehr oft geht es allerdings um Sprache: Um die Herkunft einzelner lateinischer oder griechischer Wörter, ihre Verwendung, die Bedeutung bestimmter Phrasen und Sprichwörter und so fort.

Die kurzen Essays sind oftmals ohne eine erkennbare Ordnung aneinandergereiht, und die einzelnen Bücher enthalten jeweils wiederum Dutzende verschiedener Themen. Die Essays an sich sind dafür umso besser und sehr klar strukturiert, die Anekdoten pointiert erzählt; der Stil von Gellius' Prosa ist gespickt mit Stilmitteln, Zitate sind kunstvoll eingeflochten.

Und warum heißt das Ganze „Attische Nächte"? Nun, Gellius hat sein Werk selbst so betitelt, wohl nach den langen Winternächten, die er in Athen verbracht hat (wahrscheinlich um 170 n. Chr.) und während derer er das Werk verfasst hat – vollendet hat er es dennoch wieder zu Hause, in Rom. Zumindest sagt dies die Legende. Oder die Überlieferung, wie man es eben auslegen will.

Eine Geschichte, die beim Philosoph Sotion steht, über die Prostituierte Laïs und den Redner Demosthenes

Sotion war ein nicht ganz unbekannter Mann, ein Philosoph der peripatetischen Schule. Er hat ein Buch geschrieben, in dem viele verschiedene Geschichten stehen, und es „kéras Amaltheías" genannt, was so viel bedeutet wie „Füllhorn". In diesem Buch schreibt er über Demosthenes und die Prostituierte Laïs folgende Geschichte: „Laïs aus Korinth verdiente viel Geld mit ihrer Anmut und Schönheit, und aus ganz Griechenland strömten die reichen Männer zu ihr. Sie ließ keinen zu sich, der ihr nicht gab, was sie forderte; und sie forderte nicht gerade wenig." Man sagt, dass daher das Sprichwort kommt: „Nicht jedem Mann ist es vergönnt, nach Korinth zu fahren", denn umsonst ginge zur Korintherin Laïs, wer nicht gäbe, was sie verlangte. „Heimlich ging zu ihr der berühmte Demosthenes und bat sie, ihm zu Diensten zu sein. Doch Laïs forderte 10.000 Drachmen" – das ist umgerechnet etwa soviel wie 10.000 Denare. „Wie vom Schlag getroffen ob dieser Unverfrorenheit wendete Demosthenes sich ab und bemerkte: ‚Solch teures Bereuen kaufe ich nicht.'" Doch auf Griechisch, wie es eigentlich gesprochen war, hört sich das viel schöner an: *„ouk onoûmai drachmôn metameleían."*

[Gell., Noct. Att. 1.8]

Ein Bericht, genommen aus den Werken des Tubero, über eine Schlange bislang ungekannter Größe

In seinen „Historien" berichtet Tubero, dass der Konsul Atilius Regulus während des Ersten Punischen Krieges im nordafrikanischen Heerlager nahe des Flusses Bagradas einen heftigen Kampf ausfocht mit einer Schlange von bislang ungekannter Größe, die in jener Gegend heimisch war; und dass das ganze Heer sie eine ganze Weile mit Kampfmaschinen und Katapulten angriff; und dass man schließlich die Haut der toten Schlange nach Rom schickte, und diese war 120 Fuß lang.

[Gell., Noct. Att. 7.3]

*

Von Alexander dem Großen aufgeschrieben

In vielen Schriften über die Taten Alexanders des Großen – und auch erst vor kurzem im Buch „Orest oder Über den Wahnsinn" – habe ich gelesen, dass Olympias, die Frau des Philipp, ihrem Sohn Alexander einen witzigen Antwortbrief schrieb. Denn dies hier hatte er seiner Mutter geschrieben: „König Alexander, Sohn des Jupiter, grüßt seine Mutter Olympias."
Olympias schrieb ihm folgendermaßen zurück: „Ich bitte dich, mein Sohn, sei still und beschuldige mich nicht gegenüber Juno eines Verbrechens; sicherlich wird sie mir böse mitspielen, wenn du in deinen Briefen zugibst, dass ich Jupiters Geliebte war."
Diese heitere Antwort einer klugen Mutter an ihren ungestümen Sohn scheint ihn kaum merklich und auf eine nette Weise dazu angehalten zu haben, die eitle Idee aufzugeben, die er durch seine ungeheuren Siege und seinen großen Erfolg und die Schmeicheleien seiner Höflinge aufgebaut hatte: dass er der Sohn des Jupiter sei.

[Gell., Noct. Att. 13.4]

Wie ist das alles überliefert worden?

Das Werk hat in zwei Überlieferungssträngen das Mittelalter überlebt: Buch 1–7 und Buch 9–20. Daraus erklärt sich auch, warum das 8. Buch der „Attischen Nächte" leider nicht erhalten ist: Es ist irgendwann im Laufe der dunklen Jahrhunderte verloren gegangen, allein die Überschriften der einzelnen Essays haben überlebt und zeigen uns aufs Neue, wie Gellius eine Art Hauptthema behandelt, aber darin von Anekdote zu wissenschaftlichem Aufsatz und wieder zurück zur Anekdote springt – hier ein Auszug:

XI   Wie Sokrates seiner Ehefrau Xanthippe einmal geistreich antwortet, als sie ihn bittet, sie möchten doch für das Festessen am Dionysienfest mehr Geld ausgeben.

XII   Was es bedeutet, wenn in den Büchern der alten Dichter „beinahe alle" (plerique omnes) steht; und warum diese Phrase wahrscheinlich von den Griechen stammt.

XIII Warum „Eupsones", ein Wort, das die Afrikaner benutzen, nicht phönizischen, sondern griechischen Ursprungs ist.

XIV Eine geistreiche Unterhaltung des Philosophen Favorinus mit einem, der ihm auf die Nerven ging, über die Mehrdeutigkeit von Wörtern; dazu ein paar ungewöhnliche Wörter, die die Dichter Naevius und Gnaeus Gellius benutzen; dazu ein paar Überlegungen zur Abstammung bestimmter Wörter von Publius Nigidius.

XV Wie der Dichter Laberius einmal von Julius Caesar schimpflich behandelt wurde; dazu ein paar Verse, die Laberius über eben diesen Vorfall dichtete.

Was bleibt?

Angelo Polizianos *Miscellanea* (Ende des 15. Jhs.) sind das wohl bekannteste Beispiel der Literaturgeschichte für die auf Gellius' Vorbild zurückgehende „Miszellan-Literatur". In einem ähnlichen Geist sind aber durchaus auch moderne Bestseller verfasst wie:

• Ben Schott: „Schotts Sammelsurium" (*Schott's Miscellanies*, div. Bände)
• E. Augustin/P. v. Keisenberg/Ch. Zaschke: *Ein Mann – ein Buch*, München 2007
• Dietrich Schwanitz: *Bildung – alles, was man wissen muß*, Frankfurt am Main 1999

Einen Mythos, aber bitte kurz!

Hygin

Name: **Hyginus Mythographus**
Lebensdaten: **2. Jh. n. Chr. (?)**
Literarische Gattung: **Mythensammlung**
Werke: **„Mythen" (Fabulae)**

Hyginus Mythographus – „Hygin Mythenschriftsteller" –, das ist natürlich kein richtiger Name. Und ob der Verfasser des später viel gelesenen Werkes über die griechische und römische Mythologie tatsächlich überhaupt Hyginus (bzw. eindeutscht Hygin) hieß, ist unklar.

Wer war das?

Ebenso unklar wie die Identität Hygins ist, ob diese Mythensammlung aus der gleichen Feder wie ein weiteres populäres Werk stammt, und zwar eines über Astronomie – zumindest ist es ebenfalls unter dem Namen „Hyginus" überliefert. Und genauso unklar (und sogar eher unwahrscheinlich) ist, ob eines oder beide Werke von einem gewissen Gaius Julius Hyginus stammen, der ein bekannter Grammatiker unter Augustus war (und bei Sueton erwähnt wird). Da der Name Hyginus nicht gerade alltäglich ist, besteht immerhin die Möglichkeit, dass das Mythenbuch des „Hyginus Mythographus" eine Sammlung aus Exzerpten des Grammatikers ist. Dagegen spricht, dass sie in denkbar einfachem Latein gehalten sind – für einen Sprachspezialisten wäre das ungewöhnlich. Außerdem sind Hygin verschiedene sachliche Fehler nachgewiesen worden, die offenbar auf Übersetzungsfehler aus dem Griechischen zurückgehen.

Das besondere Kennzeichen der Mythen in diesem Werk ist: Sie sind kurz. Über 200 einzelne Mythen werden kurz und knapp dargestellt – in einer modernen Ausgabe umfassen sie z. T. nicht mehr als zwei oder drei Zeilen. Man kann sich schon vorstellen, dass jemand einfach schon vorhandene, längere Beschreibungen kurz zusammengefasst hat. Denn viel mehr als Inhaltsangaben sind dabei nicht herausgekommen.

XLII Theseus und der Minotaurus

Nachdem Theseus nach Kreta kam, verliebte sich Ariadne, die Tochter des Minos, so sehr in ihn, dass sie ihren Bruder hinterging und den Fremden rettete: Sie zeigte Theseus nämlich den Ausgang aus dem Labyrinth, dadurch, dass Theseus, nachdem er hineingegangen war und den Minotaurus getötet hatte, auf Anraten Ariadnes einen Faden wieder aufwickelte und so wieder herauskam, und weil sie ihm ihre Treue bewiesen hatte, nahm er sie mit sich fort, um sie zu heiraten.

[Hyg. fab. 42]

*

Neben den Kurzfassungen der Mythen gibt das Hygin-Werk in der Einleitung einen Überblick über die Göttergenealogien (Stammbäume), und zum Abschluss liefert es noch mehrere mitunter überaus interessante Listen:

CCXXXIX Mütter, die ihre Söhne getötet haben

Medea, Tochter von Aietes, tötete Mermeros und Pheres, ihre Söhne von Jason.
Prokne, Tochter von Pandion, tötete Itys, ihren Sohn von Tereus, dem Sohn des Mars.
Ino, Tochter von Kadmos, tötete Melikertes, ihren Sohn von Athamas, dem Sohn des Aiolos, als sie auf der Flucht war vor Athamas.
Althaia, Tochter von Thestios, tötete Meleager, ihren Sohn von Oineus, dem Sohn des Parthaon, denn er hatte ihre Onkel getötet.
Themisto, Tochter von Hypseos, tötete Sphinkios und Orchomenos, ihre Söhne von Athamas, dem Sohn des Aiolos, auf Veranlassung von Ino, Tochter von Kadmos.
Tyro, Tochter von Salmoneos, tötete ihre zwei Söhne von Sisyphos, dem Sohn des Aiolos, aufgrund eines Orakels des Apollo.
Agaue, Tochter von Kadmos, tötete Pentheus, ihren Sohn von Echion, auf Drängen des Bacchus.
Harpalyke, Tochter von Klymenos, tötete das Kind, das sie von ihm empfangen hatte, denn sie hatte, ohne es zu wissen, mit ihm geschlafen.

[Hyg., Fab. 239]

Wie ist das alles überliefert worden?

Gerade wegen der Kürze der Einzeldarstellungen war das Werk des „Hyginus Mythographus" im Mittelalter sehr populär. Immerhin, man muss nicht so gut Latein können, wie für Ovids „Metamorphosen" nötig ist, um sich hier einen schnellen Überblick über eine große Zahl antiker Mythen zu verschaffen. Und so ist es mitunter ein Glücksfall, hier noch die Beschreibung eines Mythos zu finden, der uns durch die großen Dichter (wie Homer und Hesiod oder eben Ovid) nicht erhalten geblieben ist. Gerade bei den vielen, vielen antiken Tragödien, bei denen nur der Titel überlebt hat, konnte man sich so schon früh immerhin ein Bild davon machen, wovon sie handelten.

Zum Weiterlesen

Das folgende Literaturverzeichnis soll als erster Schritt dienen, sich mit den Autoren und Themen dieses Buches und allgemein mit der römischen Literatur weitergehend zu beschäftigen. Es enthält nur neuere Titel und wenig spezielle Fachliteratur, sondern in erster Linie einführende und deutschsprachige Werke (mit Ausnahme einiger wichtiger in englischer Sprache).
Die nach Meinung des Autors besonders herausragenden oder anschaffenswerten Werke sind mit einem Stern (*) gekennzeichnet.

Römische Literaturgeschichte
* Michael v. Albrecht: Die römische Literatur in Text und Darstellung. 5 Bde., Stuttgart 1985–1991
Michael v. Albrecht: Geschichte der römischen Literatur. Von Andronicus bis Boethius. Mit Berücksichtigung ihrer Bedeutung für die Neuzeit, Bern ²1994
Karl Büchner: Römische Literaturgeschichte. Ihre Grundzüge in interpretierender Darstellung, Stuttgart ⁶1994
* Manfred Fuhrmann: Geschichte der römischen Literatur, Stuttgart 1999
E. J. Kenney/W. V. Clausen (Hrsg.): The Cambridge History of Classical Literature. Bd. 2: Latin Literature, Cambridge 1982
Propyläen Geschichte der Literatur. Bd. 1: Die Welt der Antike 1200 v. Chr.–600 n. Chr., Frankfurt 1981

Autorenlexika
Wolfgang Buchwald u. a. (Hrsg.): Tusculum-Lexikon griechischer und lateinischer Autoren des Altertums und des Mittelalters, München ³1982
* Rainer Nickel: Lexikon der antiken Literatur, Düsseldorf 1999
Oliver Schütze (Hrsg.): Griechische und römische Literatur. 120 Porträts, Stuttgart/Weimar 2001
* Konrad Ziegler/Walter Sontheimer (Hrsg.): Der kleine Pauly. Lexikon der Antike, München 1979

Klassische/lateinische Philologie
* Fritz Graf (Hrsg.): Einleitung in die lateinische Philologie, Stuttgart/Leipzig 1997
Gerhard Jäger: Einführung in die Klassische Philologie, München ³1990
Peter Krafft: Orientierung Klassische Philologie. Was sie kann, was sie will, Reinbek 2001

Peter Riemer/Michael Weißenberger/Bernhard Zimmermann: Einführung in das Studium der Latinistik, München 1998

Einzelne Epochen
Albrecht Dihle: Die griechische und lateinische Literatur der Kaiserzeit. Von Augustus bis Justinian, München 1989
Manfred Fuhrmann: Rom in der Spätantike. Porträt eine Epoche, München 1994
* Dorothee Gall: Die Literatur in der Zeit des Augustus, Darmstadt 2006
Christiane Reitz: Die Literatur im Zeitalter Neros, Darmstadt 2006

Einzelne literarische Genres
* Michael v. Albrecht: Römische Poesie. Texte und Interpretationen, Tübingen/Basel ²1995
Erich Burck (Hrsg.): Das römische Epos, Darmstadt 1979
Bernd Effe/Gerhard Binder: Die antike Bukolik. Eine Einführung, München/Zürich 2000
Manfred Fuhrmann: Die antike Rhetorik, Düsseldorf 2007
Niklas Holzberg: Der antike Roman. Eine Einführung, Düsseldorf ²2001
Niklas Holzberg: Die römische Liebeselegie. Eine Einführung, Darmstadt ³2006
Sharon Lynn James: Learned Girls and Male Persuasion. Gender and Reading in Latin Love Elegy, Berkeley 2003
Christina S. Kraus/A. J. Woodman: Latin Historians, Oxford 1997
Marion Lausberg: Das Einzeldistichon. Studien zum antiken Epigramm, München 1982
* Gregor Maurach: Geschichte der römischen Philosophie, Darmstadt ²1997
Gregor Maurach: Kleine Geschichte der antiken Komödie, Darmstadt 2005
Marianne McDonald: The Cambridge Companion to Greek and Roman Theatre, Cambridge 2007
Holger Sonnabend: Geschichte der antiken Biographie. Von Isokrates zur Historia Augusta, Stuttgart 2002
Tim Whitmarsh: The Cambridge Companion to the Greek and Roman Novel, Cambridge 2008

Einzelne Autoren
* Michael v. Albrecht: Das Buch der Verwandlungen. Ovid-Interpretationen, Düsseldorf/Zürich 2000

Stephan Elbern: Caesar. Staatsmann, Feldherr, Schriftsteller, Mainz 2008

Stuart Gillespie (Hrsg.): The Cambridge Companion to Lucretius, Cambridge 2007

Erik Gunderson: Nox Philologiae. Aulus Gellius and the Fantasy of the Roman Library, Madison 2008

Heiner Knell: Vitruvs Architekturtheorie. Eine Einführung, Darmstadt ³2008

Gregor Maurach: Horaz. Leben und Werk, Heidelberg 2001

Rainer Nickel: Leben, Lieben, Leiden. Catulls Lesbia-Gedichte, München ²1998

Gudrun Sander-Pieper: Das Komische bei Plautus, Berlin 2007

Christine Schmitz: Das Satirische in Juvenals Satiren, Berlin/New York 2000

Hans-Peter Syndikus: Catull. Eine Interpretation, Darmstadt 2001

Christine Walde (Hrsg.): Lucan im 21. Jahrhundert, München/Leipzig 2005

Spezialthemen

Josephine Balmer: Classical Women Poets, Newcastle-upon-Tyne 1996

* Klaus Bartels: Roms sprechende Steine. Inschriften aus zwei Jahrtausenden, Mainz ³2000

Manfred Fuhrmann: Die Dichtungstheorie der Antike, Darmstadt ²1992

Marguerite Johnson/Terry Ryan: Sexuality in Greek and Roman Literature and Society. A Sourcebook, New York 2004

Manfred G. Schmidt: Einführung in die lateinische Epigraphik, Darmstadt 2004

Theo Stemmler (Hrsg.), Homoerotische Lyrik. Vorträge eines interdisziplinären Kolloquiums, Tübingen 1992

Elke Stein-Hölkeskamp (Hrsg.): Von Romulus zu Augustus. Große Gestalten der römischen Republik, München 2000

Literarische Techniken

Sandro Boldrini: Römische Metrik, Stuttgart/Leipzig 1999

Gregor Maurach: Lateinische Dichtersprache, Darmstadt ²2006

* Thomas A. Schmitz: Moderne Literaturtheorie und antike Texte. Eine Einführung, Darmstadt 2002

Überlieferung und Rezeption der römischen Literatur

Rüdiger Bubner: Antike Themen und ihre moderne Verwandlung, Frankfurt a. M. 1992

* Hartmut Erbse/Herbert Hunger/Otto Stegmüller (Hrsg.): Die Textüberlieferung der antiken Literatur und der Bibel, München ²1990

Egert Pöhlmann: Einführung in die Überlieferungsgeschichte und in die Textkritik der antiken Literatur, 2 Bde., Darmstadt ³2008

Bernd Seidensticker/Martin Vöhler: Urgeschichten der Moderne. Die Antike im 20. Jahrhundert, Stuttgart 2001

Angelo Walther: Die Mythen der Antike in der bildenden Kunst, Düsseldorf 2003

Lateinische Sprache

Tilman Bechthold-Hengelhaupt: Alte Sprachen und neue Medien, Göttingen 2001

Friedrich Maier: Warum Latein? Zehn gute Gründe, Stuttgart 2008

* Bruno Snell: Neun Tage Latein. Plaudereien, Göttingen 1987 (Neuauflage)

* Wilfried Stroh: Latein ist tot, es lebe Latein! Kleine Geschichte einer großen Sprache, Berlin 2007

Chronologie der römischen Schriftsteller

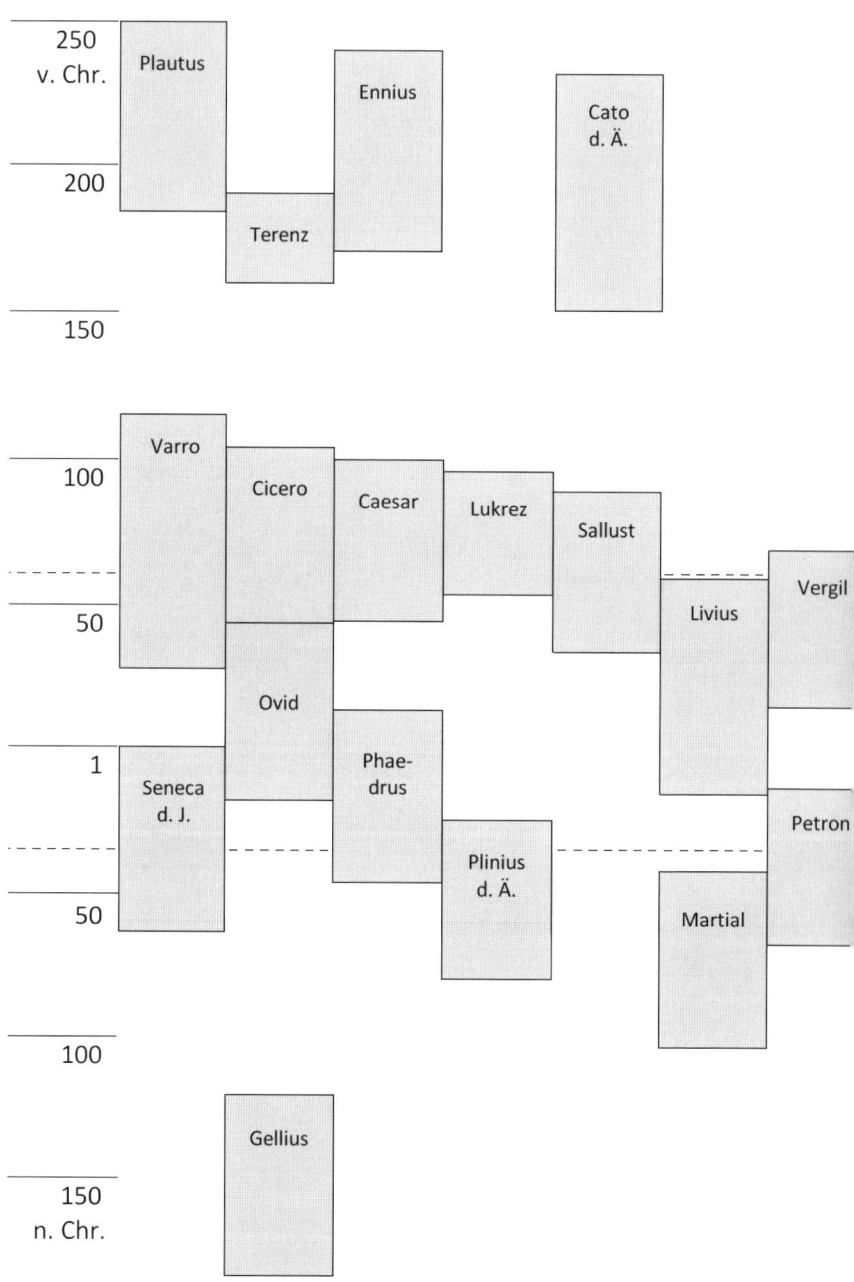

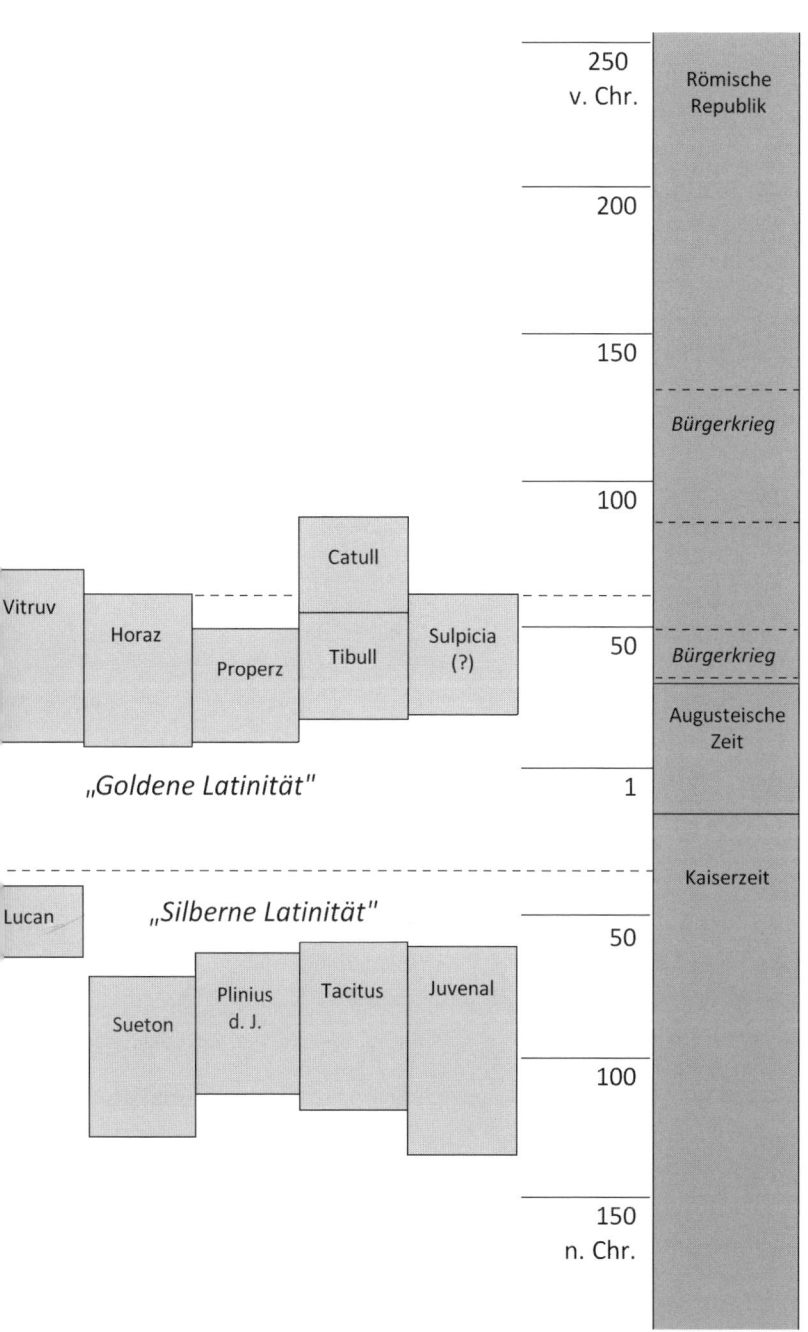

Vitruv

Horaz

Catull

Properz

Tibull

Sulpicia (?)

„Goldene Latinität"

Lucan

„Silberne Latinität"

Sueton

Plinius d. J.

Tacitus

Juvenal

250 v. Chr.

200

150

100

50

1

50

100

150 n. Chr.

Römische Republik

Bürgerkrieg

Bürgerkrieg

Augusteische Zeit

Kaiserzeit

Sach- und Personenregister

Zitatnachweis

S. 6 „Der Dichter ... Vorwort-Schreiben ...“ Terenz, Andria 1–5

S. 9 „19. 5. 1809 ... zwingt)“ Akt StA München Wilhelmsgymnasium 663

S. 10 „Alle Welt ... verantworten?“ Gotthold Ephraim Lessing: Sämmtliche Schriften, Band 27, Berlin 1827, 118

S. 12 „Wer den Phallus ... wert.“ Ulrich von Wilamowitz-Moellendorff: Die griechische und lateinische Literatur und Sprache, Leipzig ³1912, S. 92

S. 20 „Als nun ... vernehmen.“ Johann Wolfgang von Goethe: Goethes sämmtliche Werke. Vollständige Ausgabe in sechs Bänden, Stuttgart/ Tübingen 1854, Bd. 1, S. 369

S. 26 „Es giebt ... verwende.“ Friedrich Gotthelf Benjamin Schmieder: Des Terenz sämtliche Lustspiele. Metrisch verdeutscht und mit philologischen und moralischen Anmerkungen begleitet, Halle 1794, S. XIV

S. 28 „Theophrast ... studierte“. Gotthold Ephraim Lessing: Schriften. Dritter und vierter Theil, Berlin 1754. S. 2

S. 30 „Der gelehrteste ... hat.“ Manfred Fuhrmann: Geschichte der römischen Literatur, Stuttgart 1999, S. 186

S. 32 „Man hat ... wie er.“ Wilfried Stroh: Cicero. Redner, Staatsmann, Philosoph, München 2008, S. 7

S. 33 „Als er ... profitieren.“ Plutarch, Cicero 2.2

S. 34 „Als Staatsmann ... Egoist.“ Theodor Mommsen: Römische Geschichte, Bd. 3, Berlin ⁴1866, S. 180

S. 34 „Vor allem ... versteht.“ Theodor Mommsen: Römische Geschichte, Bd. 3, Berlin ⁴1866, S. 164

S. 38 „Daß ich ... beraubt wird?“ Friedrich Carl Wolff: Des Marcus Tullius Cicero auserlesene Reden, Bd. 5, Hamburg-Altona 1819, S. IV

S. 44 „Geboren ... 44 a. Chr.“ Johann Christian Felix Baehr: Geschichte der Römischen Literatur, Karlsruhe 1828, S. 263

S. 48 „Was tu ... anvertraut.“ Friedrich Schiller, Wallsteins Tod II, 1, nach Ernst Lautenbach: Lexikon Schiller-Zitate. Aus Werk und Leben, München 2003, S. 817

S. 56 „Wir haben ... Dichter.“ Bruno Snell: Neun Tage Latein. Plaudereien, Göttingen 1955, S. 22

S. 63 „Der Nichtsnutz ... zerstört.“ Lactantius, Div. inst. 2.13

S. 77 „Alle cultivirte ... Baukunst.“ Des Marcus Vitruvius Pollio Baukunst. Aus der römischen Urschrift übersetzt von August Rode, Bd. 1, Leipzig 1796, S. VII

S. 83 „Vielleicht ... metempsychosirt.“ Johann Gottfried von Herder: Sämmtliche Werke, Bd. 11, Stuttgart/ Tübingen 1829, S. 97

S. 86 „Carpe Diem ... tarry.“ Matilda Sharpe (Hrsg.): Old favourites from the elder poets. With a few newer friends. A selection by M. Sharpe, Oxford 1881, S. 72

S. 87 „Hoher Protektor ... schickt.“ Christian Morgenstern, Horatius travestitus. Ein Studentenscherz, Berlin ²1897, S. 10

S. 87 „Laß das ... *deluge*!“ Christian Morgenstern, Horatius travestitus. Ein Studentenscherz, Berlin ²1897, S. 20

S. 92 „Im ersten ... dachte.“ W. R. Johnson: A Latin Lover in Ancient Rome, Columbus 2009, S. XI

S. 94 „Im Hexameter ... herab.“ Friedrich Schiller: Werke. Nationalausgabe, hrsg. v. Julius Petersen u. a., Bd. 2.1, Weimar 1944, S. 324

S. 94 „Böser Amor! ... Du folterst mich.“ Tibull 2.6.15 ff.

S. 96 „Wenn einer ... Vorfahren.“ Cicero, Pro Caelio 48

S. 96 f. „Saget, Steine ... nicht Rom.“ Johann Wolfgang von Goethe:

Goethes Gedichte, Bd. 1, Stuttgart/
Tübingen 1829, S. 161

S. 101 „Mir scheint … neidlos." Neue
Zürcher Zeitung, 24. Januar 2004

S. 101 „Gewiß, auch … bekam."
Christoph Ransmayr: Die letzte Welt,
Frankfurt/Main 1991, S. 129

S. 117 „Seneca et … philosophari."
Friedrich Nietzsche: Morgenröte.
Idyllen aus Messina. Die fröhliche
Wissenschaft, hrsg. v. Giorgio Colli
und Mazzino Montinari, München
²1999, S. 360 f.

S. 122 „Seine Tage … gefährden."
Tacitus, Annales 16.18 f.

S. 126 „Ich weiß … elegantiarum!" Henry
Sienkiewicz: Quo Vadis. Roman aus
der Zeit Neros, Leipzig 1938, S. 520

S. 133 „Lucan … glaubt es." Mart. 14.194

S. 136 „Zum Schauderfeste … gelang."
Johann Wolfgang von Goethe: Faust,
Leipzig 1962, S. 339 f.

S. 137 „Mein lieber … Leb wohl!" Plinius,
Epistulae 3.21

S. 138 „Und was … konnten?" Gotthold
Ephraim Lessing: Sinngedichte und
Epigrammata, Wien 1801, S. 59

S. 139 „Ich habe … stand." Eckermann,
Gespräche mit Goethe, 16. 5. 1828

S. 140 „Hast Du … Frosch." Johann
Wolfgang von Goethe in: Friedrich
Schiller (Hrsg.): Musen-Almanach für
das Jahr 1796, Neustrelitz 1796,
S. 221

S. 143 „Tacitus ist … Bösewichter."
Scienzz Magazin, 30. 9. 2008

S. 146 „Das Schicksal … muß." Tacitus
übersetzt von D. Carl Friedrich Bahrdt,
Halle 1807, Bd. 2, S. V ff.

S. 146 „Zwar, eine … sein." Georg Ludwig
Walch: Tacitus' Germania. Urschrift,
Uebersetzung und eine Abhandlung
über antike Darstellung in Beziehung
auf Zweck und Zusammenhang in
Tacitus' Germania, Berlin 1829, S. IV

S. 147 „Aus Tacitus … sind." Herfried
Münkler: Staatsraison und politische
Klugheitslehre, in: Iring Fetscher,
Herfried Münkler (Hrsg.): Pipers
Handbuch der politischen Ideen, Bd.
3, München/Zürich 1985, S. 61

S. 157 „Ich zähle … kennenlerne."
Plinius 10.94

Abbildungsnachweis

Titel, Frontispiz, S. 23, 35, 65, 80, 113, 123, 128, 142: akg-images

S. 3, 77: akg-images/Cameraphoto

S. 7, 69, 85, 134: Wikimedia/gemeinfrei

S. 13, 103: Google books/gemeinfrei

S. 47: akg-images/Erich Lessing

S. 57: GNU License 1.2/Schorle

S. 71: cca License 2.5/A. Hunter Wright

S. 78: Europäische Zentralbank/gemeinfrei

S. 93: © Sotheby's/akg-images

S. 153: GNU License 1.2/Wolfgang Sauber

S. 172 f.: C. Hartz

Impressum

176 Seiten mit 24 Schwarzweißabbildungen

Umschlagabbildung: Cicero, Marmor, ca. 50–43 v. Chr. Musei Capitolini, Rom.
Frontispiz: Wie bei so vielen klassischen Mythen hat vor allem die Überlieferung
in Ovids „Metamorphosen" (s. S. 105) dafür gesorgt, dass der „Sturz des Ikarus"
aus dem Motivschatz der Bildenden Kunst seit der Renaissance nicht mehr
wegzudenken ist. Kupferstich in einer Ausgabe der Werke Ovids aus dem 18. Jh.

Bibliografische Information der Deutschen Nationalbibliothek
Die Deutsche Nationalbibliothek verzeichnet diese Publikation in der
Deutschen Nationalbibliografie; detaillierte bibliografische Daten sind
im Internet über *http://dnb.d-nb.de* abrufbar.

Weitere Publikationen aus unserem Programm finden Sie unter:
www.zabern.de

© 2010 by Verlag Philipp von Zabern, Mainz
ISBN: 978-3-8053-4067-0
Lektorat: Sarah Höxter, Hamburg
Gestaltung: Vollnhals Fotosatz, Neustadt a. d. Donau
Reihengestaltung/Umschlaggestaltung: Max Bartholl, b3K text und
gestalt GbR, Frankfurt am Main und Hamburg

Printed in Germany by Philipp von Zabern
Printed on fade resistant and archival quality paper (pH 7 neutral) · tcf